Schachspielen beim Sex strengstens verboten

Arndt

zum Gedenken an eine schöne gemeinsame Zeit in Hamburg gewidmet

Dessau, 24.01.03

Patrick

Falk van Helsing

§

Schachspielen beim Sex strengstens verboten

Die verrücktesten Gesetze
zum Thema Nr. 1

Eichborn.

Falk van Helsing, geboren 1965, ist Richter und nebenher erfolgreicher Autor und Herausgeber humorvoller Juristenbücher. Bei Eichborn erschienen: *Staranwalt in 7 Tagen* (2001); *Pfeifen unter Wasser streng verboten* (2001); *Punktsieger in Flensburg* (2002).
(FalkvanHelsing@aol.com)

1 2 3 4 05 04 03

Lektorat: Oliver Thomas Domzalski
Redaktion: Nicola Pehle
Umschlaggestaltung: Christiane Hahn unter Verwendung eines Fotos von Voller Ernst
Layout: Tania Poppe
Gesamtherstellung: Fuldaer Verlagsagentur, Fulda
ISBN 3-8218-3612-1

Verlagsverzeichnis schickt gern:
Eichborn Verlag, Kaiserstr. 66, D – 60329 Frankfurt
www.eichborn.de

Inhalt

Vorwort

Den Reiz des Verbotenen kann man nur auskosten, wenn man es sofort tut – morgen ist es vielleicht schon erlaubt.

Jean Genet

Sind Sie sexuell aktiv und ledig? Haben Sie schon mal in der Öffentlichkeit jemanden geküsst? Oder Sex vor der Ehe gehabt? Zu einem anderen Zweck als der Zeugung? Haben Sie Kondome bei sich zu Hause? Vibratoren? Sind Sie im Besitz von pornographischem Material, wie z.B. der Zeitschrift *Cosmopolitan* oder Videos mit Kylie Minogue? – Dann stehen Sie in vielen Ländern der Welt schon mit einem Bein im Gefängnis.

Falls Sie also Auswanderungspläne hegen, sollten Sie Ihr Sexualverhalten den Gesetzen anpassen, die in Ihrem Traumland gelten. Dabei wird Ihnen dieses Buch helfen – die erste internationale Sammlung der absurdesten Sexgesetze der Welt. Alle wiedergegebenen Gesetze gibt es wirklich. Sie sind einer Vielzahl von Quellen wie amtlichen Gesetzestexten, Büchern, Zeitschriften, Zeitungen und dem Internet entnommen. Wer sich für die besonders skurrilen amerikanischen Gesetze interessiert, die einen Schwerpunkt dieses Buches bilden, dem sei das Buch *A Guide to America's Sex Laws* von Richard Posner und Katharine Silbaugh empfohlen. Viele internationale Gesetze lassen sich mittels der Suchmaschine *FindLaw* (**http://www.findlaw.com**) schnell finden.

In den einzelnen Kapiteln finden Sie neben zahlreichen tatsächlich noch geltenden Bestimmungen auch **historische Sexgesetze**, diverse kuriose Fälle sowie einen Überblick über die Rechtslage in Deutschland.

Nun wünsche ich Ihnen ein fröhliches Lesevergnügen – mit Sexgesetzen, von denen Sie bisher nicht einmal wussten, dass Sie sie brechen.

Falk van Helsing

1. Neunundneunzig Peitschenhiebe fürs Küssen

Die sonderbarsten Anti-Flirt- und Kussgesetze

Warum Flirten und Küssen mancherorts unter strenge Strafe gestellt wird? Nun, schwanger wird frau davon zwar nicht, aber wir wissen ja: Flirten ist aller Laster Anfang. »Geküsstes Weib ist halb gevögelt«, sagt der Italiener, und der muss es schließlich wissen. Da erstickt man die Lust doch besser gleich im Keim. Sicher ist sicher.

In **San Antonio, Texas**, ist es verboten, per Blickkontakt oder Handsignal zu flirten oder auf Flirtsignale zu reagieren.

In **Kalamazoo, Michigan**, ist es verboten, der Freundin ein Ständchen zu bringen.

In **Hogansville, Georgia**, dürfen Männer kein Lasso benutzen, um ihre zukünftige Geliebte zu bändigen.

In **Abilene, Texas**, ist es illegal, sich irgendwo innerhalb der Stadtgrenzen herumzutreiben, um zu flirten oder zu schäkern. Dort soll ein Mann auch keine Bemerkungen machen, husten, pfeifen oder sonst etwas tun, um die Aufmerksamkeit von Frauen auf dem Bürgersteig zu erregen.

Wer in **England** in der Öffentlichkeit eine fremde Frau um Sex bittet, macht sich eines »nationalen Ärgernisses« schuldig, für das er eine dreimonatige Gefängnisstrafe und umgerechnet € 180.- Geldstrafe bekommen kann.

In **Alabama** dürfen Männer eine keusche Frau nicht mittels Versuchung, Täuschung, Kunst, Schmeichelei oder einem Heiratsversprechen verführen. (Sonst ist aber alles erlaubt ...)

In **Riverside, USA**, dürfen sich Liebespaare nur dann küssen, wenn sie sich vorher mit karbolsaurem Rosenwasser die Lippen abgewischt haben.

Das Küssen unter Nicht-Verheirateten ist im **islamischen** Recht verboten. Es kann mit der Höchststrafe von 99 Peitschenhieben geahndet werden.

Das Küssen einer Frau auf die Wange bedeutet in **Abu Dhabi, Vereinigte Arabische Emirate**, »das Begehen einer Handlung, die gefährdend für die breite Öffentlichkeit ist«. Die gesetzliche Strafe dafür sind zehn Tage Gefängnis, für den Küsser wie für die Geküsste.

In **Russland** darf in Parks, dunklen Torwegen und auf öffentlichen Plätzen nicht geknutscht werden. Begründung: Solche öffentliche Demonstration von Zuneigung könnte zu mehr sexueller Freizügigkeit führen.

Leidenschaftliches Küssen auf öffentlichen Plätzen wurde in **Sorocaba, Brasilien**, für ungesetzlich erklärt. Dies gilt besonders für den Zungenkuss, bei dem sich Speichel vermischt, um die Sinnlichkeit anschwellen zu lassen.

Den »Besitz« eines anderen Mannes zu küssen, ist in **Burundi** ein verräterisches Anzeichen für Ehebruch. Die Strafe dafür besteht im Abschneiden der Unterlippe des Küssers.

In **Bangladesch** ist den Studenten das öffentliche Schmusen und Küssen auf dem Unigelände verboten. Bei Zuwiderhandlungen drohen Verhaftungen und strenge Strafen. Begründet wird das Verbot mit dem Kampf gegen Drogen und Prostitution.

Daſ Berühren von Frauen

22. Von dem, der einem freien Weibe die Hand berührt

1. Wenn ein freier Mann einer freien Frau die Hand oder einen Finger berührt, werde er zu 600 Pfennigen gleich 15 Schillingen verurteilt.

2. Wenn er aber den Arm berührt, werde er zu 1200 Pfennigen gleich 30 Schillingen verurteilt.

3. Wenn er aber die Hand auf den Ellenbogen legt, werde er zu 1400 Pfennigen gleich 35 Schillingen verurteilt.

4. Wenn er jedoch die Bruſt berührt, werde er zu 1800 Pfennigen gleich 45 Schillingen verurteilt.

Lex Salica (um 507/511)

§ 69 [Unzüchtige Handlungen]
Wer auf offener Straße eine Weibſperſon von unbeſcholtenem Rufe, die ihren Weg anſtändig wandelt, mit Gebährden, oder Reden auf eine ſolche Art verfolgt, welche die Verführung zur Auſgelaſſenheit deutlich anzeiget, iſt auf Anklage der beleidigten Weibſperſon alſ ein politiſcher Verbrecher zu behandeln.

Josephinisches Strafgesetzbuch von 1787

Ein Filmkuſſ durfte in der Zeit von 1934 biſ 1960 nicht länger alſ drei Sekunden dauern. Dem Hayſ-Code entſprechend, durfte ein auf Zelluloid gebannter Kuſſ nicht mehr alſ 2,15 Meter auf der Filmrolle beanſpruchen, waſ ca. drei Sekunden bedeutete. Der Kuſſ umfaſſte dabei ſowohl die Annäherung alſ auch die Trennung der Münder.

2. Lümmeltüten unterm Ladentisch

Die wunderbare Welt der Kondomverbote

Verhütungsmittel verführen die Menschen dazu, Sex nicht zum Fortpflanzungszwecke, sondern zur Befriedigung ihrer Lust zu praktizieren. Das ist unmoralisch und gehört streng verboten. Merke: Sexuelle Enthaltsamkeit ist die einzig wahre Verhütung!

Ein Gesetz in **Connecticut** verbietet rundweg den Gebrauch von Kondomen und anderen Verhütungsmitteln.

Frauen ist es in **Indiana** nicht erlaubt, Kondome zu kaufen.

In **Wisconsin** hingegen sind es unverheiratete Personen beiderlei Geschlechts, die keine Verhütungsmittel kaufen dürfen.

In **Illinois** dürfen Kondome nur dann an Minderjährige abgegeben werden, wenn ihnen ansonsten ein ernstes Gesundheitsrisiko drohen würde.

Eheleuten in Irlands Hauptstadt **Dublin** ist es untersagt, Kondome oder andere Verhütungsmittel zu kaufen. Den Geschäften ist es nicht einmal erlaubt, Präservative vorrätig zu haben. Lümmeltüten und andere Verhütungsmittel können zwar uneingeschränkt importiert werden, aber für sie zu werben oder sie zu verkaufen, ist ungesetzlich.

Nach **Saudi-Arabien** dürfen Verhütungsmittel unter keinen Umständen importiert werden – entsprechend der moslemischen Überzeugung, wonach »Geburtenkontrolle durch die Feinde des Islam erfunden wurde«, stehen darauf sechs Monate Gefängnis.

Auf den Straßen und öffentlichen Plätzen von **Texas** dürfen Kondome nur von Apothekern verkauft werden. Wer dagegen verstößt, wird strafrechtlich verfolgt wegen der unerlaubten Ausübung der ärztlichen Heilkunst.

Kondome werden in **Wisconsin** als obszöne Ware betrachtet, die unter dem Ladentisch des Apothekers versteckt werden muss.

Auch in **Hollybush, Schottland**, dürfen Kondome und andere Verhütungsmittel nicht offen ausgestellt werden, da solche sexuell stimulierenden Artikel die Promiskuität fördern könnten.

Eine Kondomwerbung »ohne berechtigten Grund« ist in **New Jersey** untersagt. Im Staate **Washington** ist sie verboten, wenn aus ihr hervorgeht, wann, wo, wie oder von wem die Verhüterli erworben werden können. Illegal ist sie in **Kalifornien** und **Arizona**. In **Kentucky**, **Idaho** und **Montana** ist das Werben für Kondome erlaubt, allerdings nur in pharmazeutischen Publikationen und medizinischen Fachzeitschriften.

In **Nevada**, dem einzigen US-Bundesstaat, in dem Bordelle legal sind, schreibt die Bordell-Konzessions-Verordnung seit 1988 zwingend den Gebrauch von Kondomen beim bezahlten Sex vor. Nicht wahr ist allerdings, dass mehrere hundert Kondomkontrolleure die Einhaltung dieser Vorschrift vor Ort überwachen.

Das Comstock Gesetz von 1873 erklärte den Vertrieb von Verhütungsmitteln und Informationen über diese in den gesamten Vereinigten Staaten für obszön und demgemäß für illegal. Die Post durfte per Versand verkaufte Kondome beschlagnahmen.

Kondome vom Sozialamt

Ein Sozialhilfeempfänger beantragte in **Hamburg** die Bewilligung von zwölf Präservativen pro Woche. Das Sozialamt lehnte dies ab, woraufhin der Mann klagte. Er versicherte, mit seiner Freundin im Durchschnitt 1,7 Mal pro Tag Sex zu haben. Er lasse sich vom Amt nicht vorschreiben, wie oft er mit seiner Freundin schlafen dürfe. Das Oberverwaltungsgericht Hamburg wies die Klage mit folgender Begründung ab: »Legt man den vom Kläger genannten Preis von knapp einer Deutschen Mark pro Kondom zu Grunde, so ermöglicht ihm die gewährte Hilfe, gut zwanzig mal im Monat mit seiner Freundin ohne Risiko einer Empfängnis geschlechtlich zu verkehren. Unter Berücksichtigung der Tage, in denen ein Geschlechtsverkehr nicht möglich ist oder nicht gewünscht wird, kann der Kläger praktisch Tag für Tag einmal ohne Risiko den Geschlechtsverkehr ausüben. Dass eine dahingehende Beschränkung ihm nicht möglich wäre oder seine Menschenwürde verletzen oder seine partnerschaftliche Beziehung gefährden könnte, ist nicht ersichtlich, zumal seiner Freundin und ihm neben dem vaginalen Verkehr noch andere Formen befriedigender sexueller Kontakte offen stehen. Dass der Kläger möglicherweise mehr leisten will, ist unerheblich. Für das Geschlechtsleben gilt nichts anderes als für alle anderen existenziellen Lebensbedürfnisse (Essen und Trinken, Bekleidung und Unterkunft): Es ist nicht Aufgabe der Sozialhilfe, ihm eine bestmögliche, maximale Bedürfnisbefriedigung zu ermöglichen.«

OVG Hamburg, NJW 1991, S. 941

3. No Marriage – No Sex

Alles über den unehelichen Beischlaf

Sex ist böse und verwerflich und darf deshalb allenfalls innerhalb der heiligen Schande der Ehe vollzogen werden. Da besteht nämlich wenigstens eine gewisse Chance, dass es nicht ausschließlich um verbotene Lust, sondern auch um die erwünschte Vermehrung geht.

Wenn ein Mann und eine ledige Frau in **Minnesota** Geschlechtsverkehr miteinander haben, machen sie sich des unerlaubten, außerehelichen Geschlechtsverkehrs schuldig. Sex vor der Ehe ist auch in **Georgia** ein Vergehen.

Außerehelicher Geschlechtsverkehr ist in **Utah** ein Klasse-B-Vergehen, strafbar mit sechs Monaten Gefängnis und $ 1000.- Geldstrafe.

In **West-Virginia** müssen ledige Paare, die zusammenleben und sich »lüstern miteinander vereinigen«, mit Gefängnis bis zu einem Jahr rechnen.

In **Mississippi** ist der voreheliche Sex dem Ehebruch gleichgestellt. Wenn ein Mann und eine Frau unehelich zusammenleben, werden sie mit Geldstrafe bis zu fünfhundert Dollar und mit Gefängnis bis zu sechs Monaten bestraft.

Unverheiratete Erwachsene, die in **Arizona** beim Sex erwischt werden, begehen ein schweres Verbrechen, auf das sie dann bis zu drei Jahre verzichten müssen – hinter Gittern.

Unverheirateten Frauen ist in **Costa Rica** jede Form des Sex verboten. Die vom Gesetz verbotenen Aktivitäten umfassen insbesondere die Prostitution, den außerehelichen Geschlechtsverkehr und »jede Art unanständiger Betätigungen« mit einem Mann.

Körperliche Liebe zwischen unverheirateten Personen ist in **Tipperary, Irland**, illegal. Solche Aktivitäten werden vom Gesetz als abweichender Geschlechtsverkehr bezeichnet.

Ein Gesetz in der walisischen Hauptstadt **Cardiff** nennt es ein »unanständiges und laszives Verhalten«, wenn ein lediger Mann und eine Frau beim Sex ertappt werden. Der Mann muss drei bis fünfzehn Pfund Strafe zahlen, die Frau wird jedoch nicht strafrechtlich verfolgt.

Promiskuität ist in **Valencia, Venezuela**, nicht illegal, solange sie innerhalb bestimmter Grenzen bleibt: Der ledige Mann oder die ledige Frau dürfen keinen Sex mit jemandem haben, der entstellt ist oder als Idiot gilt.

Um vorehelichen Sex zu verhindern, müssen die Jungen und Mädchen **Saudi-Arabiens** getrennte Schulen besuchen. Keinem Mann, egal welchen Alters, ist es jemals erlaubt, eine Mädchenschule zu betreten. Die Verletzung des Gesetzes hat die öffentliche Enthauptung zur Folge.

Rhode Island verbietet unverheirateten Paaren Schlafzimmeraktivitäten jeder Art. Der Tarif ist jedoch taschengeldfreundlich: Erwischte Turtler zahlen eine Geldstrafe von zehn Dollar.

In **Swasiland** hat König Mswati III. im September 2001 ein fünfjähriges Sexverbot für junge Frauen verhängt, um die weitere Ausbreitung von Aids zu bekämpfen. Sie dürfen den Männern weder die Hand schütteln noch sonst Körperkontakt mit ihnen haben. Nicht einmal flirten ist erlaubt. Gelb-grüne Wollquasten am Hals der Swasi-Mädchen sollen aufdringlichen Männern die Unberührbarkeit der Jungfrauen signalisieren. Männer, die sich nicht beherrschen können, müssen eine hohe Geldstrafe zahlen oder den Eltern des Mädchens eine Kuh kaufen.

§ 1 [Unehelicher Beischlaf]
Fleischliche Vermischung zwischen ledigen Leuthen, wird folgendermaßen gestrafft, und zwar das Erstemahl soll die Manns-Person, wann sie unvermöglich ist, auf 8 oder 14 Tage in dem Springer oder Eisen offentlich vorgestellet, und zur Arbeit hierunter angehalten; die Vermögliche aber, mit gedachten Springer oder Eisen zu Haus gebüsst werden. Die Weibs-Person hingegen wird nebst ebenmäßiger Geld-Straff, 4 oder 5 Tage in der Geigen zu Haus gebüsset, oder das sie unvermöglich oder gar frech ist, in Städten und Märckten zur Gassen-Säuberung, anderer Orthen aber zur öffentlichen Arbeit angestrengt.

Codex Juris Bavarici Criminalis von 1751

Steinigung für außerehelichen Sex

Der **Hamburger** Geschäftsmann Helmut Hofer musste für außerehelichen Sex im Iran eine dreißigmonatige Gefängnisstrafe verbüßen. Und er kann dafür noch dankbar sein: Eigentlich sollte der Kaufmann zu Tode gesteinigt werden. Monatelang wurde auf politischer Ebene verhandelt, bis Hofer im Januar 2000 freigelassen wurde. Das Verbrechen des Deutschen: Er hatte in Teheran eine muslimische Medizinstudentin kennen und lieben gelernt, was nach islamischem Recht verboten ist. Hofer behauptete, er habe die Frau nur geküsst, die junge Frau gestand der Religionspolizei jedoch, dass sie mit dem Deutschen geschlafen hatte. Die Frau erhielt 99 Peitschenhiebe.

4. Jungfrauen im Angebot – nur 240 Euro

Ehemündigkeit, Brautpreis und Scheidung

Hätten Sie gedacht, dass man in manchen Ländern schon gleich nach der Geburt heiraten darf? Wussten Sie, dass mancherorts sogar die Beischlaffrequenz in der Ehe gesetzlich geregelt ist? Und gehören Sie auch zu denjenigen, die glauben, eine Ehe lasse sich durch schlichtes Zerreißen des Trauscheines auflösen?

4. 1 Heiratsalter

Da Sex vor der Ehe häufig verboten ist, ist das Mindestalter für Sex und für Heirat vielerorts ein und dasselbe. Deshalb werden die entsprechenden Gesetze hier gemeinsam dargestellt.

Das Alter der Ehemündigkeit ist weltweit unterschiedlich geregelt: In **Chile** und **Mexiko** etwa können Kinder bereits mit zwölf Jahren heiraten, in **Oman** und **Pakistan** bereits unmittelbar nach der Geburt – dort gibt es kein Mindestalter für eine Heirat. In den meisten Ländern wie zum Beispiel der **Dominikanischen Republik**, **Ägypten**, **Irak** sowie in zahlreichen US-Bundesstaaten muss man hingegen mindestens 18 Jahre alt sein, um vor den Traualtar treten zu können. Nicht weniger als 20 Lenze muss man dafür in **Tu-**

nesien vorweisen können; in **Madagaskar**, **Trinidad** und **Tobago** sehen die Gesetze sogar gereifte 21 Jahre vor.

Sex mit einem unter 14-jährigen Mädchen ist in **Georgia** ein Verbrechen – es sei denn, es handelt sich um die eigene Ehefrau. Gut, dass das geregelt ist. Das Mindestalter für eine Heirat beträgt nämlich bei elterlicher Zustimmung 16 Jahre, ohne sogar 18 Jahre ...

In **Florida** ist es ein Verbrechen, Sex mit einer unverheirateten Person von unbeflecktem Charakter zu haben, wenn sie zum Zeitpunkt des Verkehrs unter 18 Jahre alt ist. Das gilt ausdrücklich auch dann, wenn das Opfer keine Jungfrau mehr war und in den Sex eingewilligt hat.

Wer sich in **Arizona** auf Geschlechts- oder Oralverkehr mit einer Person unter 18 Jahren einlässt, begeht ein Verbrechen. Ebenfalls ein Verbrechen ist das Spielen mit den Brüsten einer unter 15-jährigen.

Männer über 17 begehen in **Louisiana** ein Verbrechen, wenn sie Sex mit einer unverheirateten Frau über 11 und unter 17 Jahren haben, sofern der Altersunterschied zwischen beiden größer als zwei Jahre ist.

In **New Hampshire** darf erst ab 18 Jahren geheiratet werden. Mit elterlicher Zustimmung können Jungen aber schon mit 14 und Mädchen mit 13 heiraten.

Eltern oder Vormünder eines ledigen, unter 18-jährigen Mädchens können in **Hawaii** zu drei Jahren Arbeitslager verurteilt werden, wenn sie dem Mädchen Sex erlauben, es dazu anstiften oder Beihilfe dazu leisten.

Wer ein unbescholtenes Mädchen, welches das sechszehnte Lebensjahr nicht vollendet hat, zum Beischlafe verführt, wird mit Gefängniß biß zu Einem Jahre bestraft.

§182 Abs. 1 Reichsstrafgesetzbuch von 1871

4.2 Ehegesetze

Wer in **Oklahoma** eine Frau zur Heirat zwingt, bekommt mindestens zehn Jahre Hotel mit Gitterblick.

Wer als Mann über 16 Jahre in **South Carolina** eine unverheiratete Frau mithilfe eines Eheversprechens verführt, muss mit einer Gefängnisstrafe bis zu einem Jahr rechnen (aber was ist schon ein Jahr Knast gegenüber dem Lebenslänglich der Ehe?). Der Mann kann sich allerdings damit rechtfertigen, dass die Frau zum Zeitpunkt der Verführung lüstern und unkeusch war.

Auch in **Oklahoma** ist die Verführung einer ledigen Jungfrau unter dem Versprechen der Heirat ein Verbrechen. Nur die spätere Heirat vermag den Schwerverbrecher zu entlasten.

Eine Frau darf in **Nottingham, England**, einen ledigen Mann nicht »betrügerisch und hinterlistig« von seiner Mutter fortlocken, um eine »heimliche Heirat« zu erreichen.

Männer dürfen in **Valparaiso, Chile**, keine Frau heiraten, die Ehebruch begangen hat. Solche Frauen sind für immer verdammt.

Paare, die in **Paisley, Schottland**, eine Heiratsgenehmigung beantragen, sind verpflichtet, an einem Test über Empfängnisverhütung teilzunehmen – sonst darf nicht geheiratet werden.

Einem **bengalischen** Mann ist es nach dem Gesetz erlaubt, so viele Ehefrauen und Geliebte zu haben, wie er möchte.

Wenn ein **moslemischer** Mann eine Frau geheiratet und Sex mit ihr gehabt hat, darf er niemals ein Mädchen heiraten, dem seine Frau früher die Brust gegeben hat.

Möchte eine Witwe in **Paramaribo, Surinam**, wieder heiraten, muss sie vorher Sex mit einem Mann haben. Das Gesetz schreibt sogar vor, wer ihr Bettpartner sein sollte, nämlich ein Mitglied oder Familie des verstorbenen Man-

nes.
In manchen Gegenden **Indiens** müssen heiratsfähige Frauen den Eltern abgekauft werden. Für eine hübsche, junge Frau kann ein Brautpreis von bis zu 40 Rindern verlangt werden.

In **Port Moresby, Papua-Neuguinea**, sind die Brautpreise gesetzlich exakt festgelegt. Eine Jungfrau kostet umgerechnet € 240.-, einen Vogel und fünf Schweine. Eine Witwe oder Geschiedene kostet dagegen nur noch € 30.-, einen Vogel und zwei Schweine. Bereits zweimal verheiratete Frauen haben nach dem Gesetz gar keinen Marktwert mehr.

Ein **ugandisches** Gesetz von 1964 verpflichtet die Familie einer verheirateten Frau, ihrem Mann den Brautpreis zu erstatten, wenn die Frau den Mann verlässt. Das Gesetz hat den Brautpreis mit fünf Rindern, fünf Ziegen, einem Hahn und zwanzig ugandischen Schillingen festgelegt. Viele Männer nutzen das Gesetz aus, um ihre Frau, wenn sie ihrer überdrüssig sind, so lange zu misshandeln, bis sie wegläuft. Dann können sie den Brautpreis zurückfordern und Kapital für die nächste Ehe anhäufen.

Allzu kostspielige Hochzeiten sind in den **Vereinigten Arabischen Emiraten** per Gesetz verboten. Der Brautpreis darf € 11.500.- nicht überschreiten, und der Bräutigam soll zur Feier nicht mehr als 21 Kamele schlachten. Andernfalls drohen dem Paar erhebliche Strafen. Dieses neue Gesetz wurde eingeführt, weil die traditionellen Hochzeitsfeiern die finanziellen Möglichkeiten der Familien übersteigen. Deshalb blieben viele junge Männer ledig oder heirateten eine Ausländerin.

Eine Neuvermählte kann in **Ecuador** an ihre Eltern zurückgegeben werden, wenn der neue Ehegatte in der Hochzeitsnacht herausfindet, dass sie keine Jungfrau mehr ist.

Eheverträge im **mittleren Osten** garantieren im Allgemeinen die Jungfräulichkeit der Gattin. Stellt sich heraus, dass die Frau nicht wie versprochen jungfräulich ist, kann der Ehemann die Heirat annullieren lassen.

In **Guam** dagegen haben die Jungfrauen das Nachsehen. Dort dürfen Frauen erst heiraten, wenn sie nicht mehr unschuldig sind. Deshalb gibt es dort den Beruf des Entjungferers, dem die Jungfrauen Geld zahlen, auf dass er ihnen die Unschuld raube.

Das **samoanische** Recht verlangt von einem frisch vermählten Bräutigam, dass er das Jungfernhäutchen seiner Frau mit seinem Finger durchbricht. Er muss dann seinen blutigen Finger den wartenden Verwandten vorführen. Erst danach ist ihm der Sex mit seiner Braut gestattet.

In Teilen des **Tschad** und des **Niger** gilt ein sonderbares Eherecht: Dort muss die Ehe während der Hochzeitsfeier vor den Augen der Hochzeitsgäste vollzogen werden.

In **Johannesburg, Südafrika**, kann eine Frau von ihrem Ehemann für jedes Mal, wenn sie Sex miteinander haben, eine Vergütung fordern. Die Frauen dürfen nach dem Gesetz aber keinen zu hohen Preis verlangen.

In **Nevada** sind Ehen, die durch unechte Richter, Beamte und Pfarrer geschlossen werden, trotzdem rechtsgültig, wenn die Brautleute nur daran glauben, wirklich verheiratet zu sein.

Jede Ehe, in der eine der beiden Parteien ein Idiot oder ein Irrer ist, ist in **Rhode Island** null und nichtig. In **Connecticut** sind Ehen von Schwachsinnigen und Geisteskranken ebenfalls verboten.

Stellen Sie in **Texas** dreimal eine Person öffentlich als ihren Ehemann bzw. Ehefrau vor, sind Sie rechtsgültig verheiratet.

Ehen können in **North Carolina** für ungültig erklärt werden, wenn einer der beiden physisch impotent ist.

Enttäuschte Verlobte

Eine Frau in **Provo, Utah**, gewann eine Sechstausend-Dollar-Klage wegen »Bruch des Eheversprechens«. Warum? Weil ihr Verlobter einen Tag vor der Hochzeit die Frechheit besessen hatte, zu versterben.

Keine **muslimische** Frau darf sich den sexuellen Avancen ihres Ehemannes verweigern oder diese auch nur ignorieren. Jede Frau, die so etwas tut, wird schuldig gesprochen und bekommt kein Essen, keine Kleidung und kein Dach über dem Kopf mehr. Die Frau hat dann auch das Recht verwirkt, den Ehemann zukünftig um Sex zu bitten.

Wie hoch muss die Beischlaffrequenz in der Ehe sein? Das Gesetz in **Minsk, Weißrussland**, sagt, dass ein Mann sich für eine volle Woche, aber nicht für mehr als zwei Wochen jeglicher Schlafzimmeraktivitäten enthalten darf.

In **Jordanien** soll der Ehemann mindestens einmal alle vier Monate Liebe mit seiner Frau machen.

Frischvermählten wird in **Gaborone, Botswana**, gesetzlich vorgeschrieben, dass sie wenigstens dreimal monatlich Sex miteinander haben sollen, bis die Braut schwanger geworden ist.

Im Maryland deſ 17. Jahrhundertſ war Sex zwiſchen weißen Frauen und ſchwarzen Männern ſtrengſtenſ verboten. Kinder einer ſolch »gottloſen Liaiſon« wurden automatiſch Eigentum deſ Sklavenhalterſ. Die den Miſchling gebärende Frau wurde ebenfallſ zur Sklavin – ſolange, biſ ihr ſchwarzer Gefährte ſtarb.

Hatte einſt ein lediger Mann in Babylonien eine ledige Frau verführt, war er nach dem Geſetz verpflichtet, ſie zu heiraten. Bei Weigerung wurde die Todeſſtrafe gegen ihn verhängt.

Ledige Frauen in Mesopotamien waren geſetzlich verpflichtet, im Tempel mit einem Fremden Geſchlechtſverkehr zu haben. Erſt dann durften ſie heiraten.

23. [Von der Ehe Verwitweter]

Dieweil der Mann ohne Weib nicht ſein will oder kann, ſo kann er ein ehelicheſ Weib nehmen, ſeien ihm auch drei Weiber tot oder vier oder mehr.

Sachsenspiegel, II 23

Wer eine Frauenſperſon zur Geſtattung deſ Beiſchlafeſ dadurch verleitet, daß er eine Trauung vorſpiegelt, oder einen anderen Irrtum in ihr erregt oder benutzt, in welchem ſie den Beiſchlaf für einen ehelichen hielt, wird mit Zuchthauſ biſ zu fünf Jahren beſtraft.

§ 179 Reichsstrafgesetzbuch von 1871

Um dieſem Unfug zu ſteuern, wird daher verordnet, daß künftig auf dem Lande überall ohne Auſnahme, die Kopulationen vor 10 Uhr, oder längſtenſ um 10 Uhr, bei 12 Reichſthaler Strafe, die von den Brautleuten zu erholen, und für den Lokal-Armenfondſ zu verrechnen ſind, geſchehen müſſen.

Königlich Bayrische Verordnung vom 10.11.1807

Der Bundesgerichtshof zum Thema »Sex in der Ehe«

Ein Mann wollte sich scheiden lassen, weil seine Frau ihm seit Jahren den Sex verweigere. Sie habe ihm erklärt, sie empfinde nichts beim Geschlechtsverkehr und sei im Stande, dabei Zeitung zu lesen; er möge sich selber befriedigen. Der eheliche Verkehr sei eine reine Schweinerei. Sie gebe ihm lieber Geld fürs Bordell. Die Frau hat der Scheidung widersprochen, da es durchweg noch alle 4 Wochen zum Verkehr gekommen sei. Der Bundesgerichtshof stellt daraufhin folgende Leitlinien zum Sex in der Ehe auf: »Die Frau genügt ihren ehelichen Pflichten nicht schon damit, daß sie die Beiwohnung teilnahmslos geschehen läßt. Die Ehe fordert von ihr eine Gewährung in ehelicher Zuneigung und Opferbereitschaft und verbietet es, Gleichgültigkeit oder Widerwillen zur Schau zu tragen.«

BGH NJW 1967, S.1078

... und in Deutschland?

Die Ehe verpflichtet grundsätzlich zum Geschlechtsverkehr. Man kann diese sich aus § 1353 BGB ergebende Ehepflicht sogar einklagen. Das nützt dem sexuell frustrierten Ehegatten nur gar nichts, da ein Urteil auf »Herstellung des ehelichen Lebens« nicht vollstreckbar ist, § 888 Abs.3 ZPO. Logisch: Man stelle sich den Gerichtsvollzieher vor, der am Ende des Ehebettes steht und den Vollzug des ehelichen Verkehrs erzwingen und überwachen muss.

4.3 Scheidung

Dunlap, West Virginia, hat ein Gesetz erlassen, nach dem es illegal ist, den Trauschein zu zerreißen. Ja, man muss sich tatsächlich scheiden lassen – zur Freude der Scheidungsanwälte.

Die Jungfrau von Neapel

Ein Familiengericht in **Neapel** hat eine 26 Jahre zuvor geschlossene Ehe für nichtig erklärt, weil sie nie vollzogen wurde. Die 72-jährige Ehefrau hatte die Annullierung der Ehe beantragt. Sie habe mit ihrem Mann die Ehe nie vollzogen, erklärte die Frau und legte zum Beweis ein ärztliches Attest vor, wonach sie noch Jungfrau sei. Aus Scham habe sie Freunden und Verwandten ihr Schicksal stets verschwiegen.

Nach dem Gesetz in **West Virginia** sind unter anderem folgende Ehen von Anfang an ungültig:

- Einer der beiden ist geisteskrank.
- Einer der beiden leidet an einer Geschlechtskrankheit.
- Einer der beiden ist impotent.
- Einer der beiden wurde wegen eines ehrenrührigen Delikts verurteilt.
- Einer der beiden hat früher als Prostituierte(r) gearbeitet.
- Einer der beiden ist eine lasterhafte Person.

Wenn ein **muslimischer** Mann impotent ist, erlaubt es das Gesetz der Frau, die Ehe annullieren zu lassen.

Scheidungsgrund in **Benin** kann nichts anderes sein als das »perverse und abscheuliche sexuelle Verhalten der Frau«. Der Ehemann allein entscheidet, wann dieses vorliegt, und nur er hat das Recht, die Scheidung zu beantragen.

Wenn sich ein Paar in **New York** nicht einvernehmlich scheiden lassen will, muss der Scheidungswillige beweisen, dass mindestens einer von vier Scheidungsgründen vorliegt: Der erste Grund ist, dass der Partner die Ehewohnung für ein Jahr verlassen oder dass für ein Jahr kein Sex zwischen beiden stattgefunden hat. Als zweiter Grund gilt die physische oder seelische Grausamkeit des Ehegatten. Ein Gefängnisaufenthalt des anderen von mehr als zwei Jahren stellt den dritten Scheidungsgrund dar. Der vierte Scheidungsgrund schließlich ist der Ehebruch.

Im antiken Griechenland konnte ein Mann eine Scheidung auſ faſt jedem Grunde erreichen, ihm war aber verboten, anſchließend eine jüngere Frau alſ ſeine Ex-Gattin zu heiraten.

5. Fremdgegangen, aufgehangen

Die dunkle Seite des Ehebruchs

»Du sollst nicht ehebrechen« erfuhr bereits Moses aus berufenem Munde. Zu keiner anderen sexuellen Aktivität gibt es derart zahlreiche und drakonische Gesetze wie zum Hobby Fremdgehen oder Seitensprung. Die Bandbreite der möglichen Strafen reicht von zwanzig Dollar Geldbuße bis hin zur Todesstrafe.

Eine Person begeht in **Alabama** keinen Ehebruch, wenn sie und die andere Person glauben, nicht verheiratet zu sein.

Besonders milde wird der Ehebruch in **West Virginia** bestraft. Dort ist man im Idealfall mit nur zwanzig Dollar dabei. Günstiger als die meisten Prostituierten ...

Wer nach der Scheidung noch mit seinem Exgatten Sex hat oder zusammen mit ihm im gleichen Haus wohnt, macht sich in **Massachusetts** des Ehebruchs schuldig.

Ehebruch ist in **Caracas, Venezuela**, nicht immer ein Verbrechen. Es hängt davon ab, wie lange das Paar verheiratet ist. Mann und Frau können straffrei fremd gehen, wenn sie weniger als zwölf Monate verheiratet sind. Ab Vollendung des ersten Ehejahres wird dieselbe sexuelle Aktivität jedoch eine ernste strafbare Handlung. Dabei werden Seitensprünge doch erst mit zunehmender Ehedauer, wenn die Liebe und der Reiz des Neuen erkalten, interessant ...

Ein Mann in **Matagalpa, Nicaragua**, ist gesetzlich verpflichtet, sich scheiden zu lassen, sobald er entdeckt, dass seine Gemahlin Ehebruch begangen hat. Bleibt er untätig, kann er dafür strafrechtlich belangt werden.

Hat eine verheiratete Frau in **Minnesota** Sex mit einem Mann, gleich ob dieser verheiratet oder ledig ist, sind beide des Ehebruchs schuldig und können mit Freiheitsstrafe bis zu einem Jahr, einer Geldstrafe bis zu $ 3.000.- oder beidem bestraft werden. Sex zwischen einem verheirateten Mann und einer ledigen Frau ist dagegen nicht verboten.

Das Gesetz der Tupies in **Brasilien** schreibt vor, dass die Frau nach der Heirat treu zu sein hat. Der Mann dagegen kann so viele Geliebte haben, wie er sich leisten kann.

Ehebruch ist in **Kolumbien** ein Vergehen. Wenn der Akt zwischen einer verheirateten Frau und einem ledigen Mann stattfindet, sind beide des Ehebruchs schuldig. Geschieht der Seitensprung jedoch zwischen einem verheirateten Mann und einer ledigen Frau, wird nur der Mann schuldig gesprochen.

»Einmal ist keinmal« gilt für Ehemänner in **Honduras**. Dort sind sie des Ehebruchs nur schuldig, wenn sie gewohnheitsmäßig und dauernd eine Mätresse haben.

In **Burkina Faso** kann eine Frau wegen Ehebruch verdammt werden, auch wenn sie niemals beim Fremdgehen erwischt worden ist. Für die Feststellung ihrer Schuld reicht es aus, wenn drei Leute sagen, dass sie eine Ehebrecherin ist.

Für das Verbrechen des Ehebruchs gibt es in **Oklahoma** bis zu fünf Jahre Staatsgefängnis.

In **Jordanien** wird der Ehebruch der Frau mit Gefängnis von einem halben bis zu zwei Jahren bestraft. Für den Ehemann wird eine entsprechende Strafe nur bei regelmäßigem Ehebruch oder einem festen außerehelichen Verhältnis verhängt.

In **Indonesien** werden Männer, die mit verheirateten Frauen fremdgehen, ausgepeitscht und müssen eine lange Strafe im Gefängnis abbrummen. Zudem werden sie auf eine schwarze Liste gesetzt und bekommen keinen Job mehr.

In **El Salvador** muss eine fremdgehende, verheiratete Frau mit einer sechsjährigen Gefängnisstrafe rechnen.

Im **Irak** steht auf Ehebruch der Tod durch Steinigung. Die Steine dürfen aber nicht zu groß sein, damit der Tod des Verurteilten nicht zu schnell eintritt. Sinn der Bestrafung ist der Schutz vor dem Bösen, das mit der Sünde des Ehebruchs beginnt und zum Auseinanderbrechen von Familien, Abtreibung, unehelichen Kindern, etc. führt.

Hart bestraft wird die eheliche Untreue der Frau in **Contagora, Nigeria**. Wird die Frau das erste Mal erwischt, wird ihr die linke Hand abgehauen, beim zweiten Mal die rechte und beim dritten Mal wird sie geköpft.

Männer, die in **Äquatorialguinea** eine verheiratete Frau verführen, werden zum Tode durch Ertränken verurteilt.

Frauen in **Kampala, Uganda**, sollten sich davor hüten, mit ihren Händen zufällig die Genitalien eines anderen Mannes als des eigenen zu berühren. Tun sie es doch, wird die dafür benutzte Hand in einem Topf mit siedendem Öl verbrannt. Beim zweiten Verstoß wird die anstößige Hand amputiert.

In **Limon, Costa Rica**, werden beide Beteiligten einer ehebrecherischen Beziehung für ihre Tat geschlagen und ertränkt.

Der Stamm der Ibo in **Nigeria** hat sich eine ganze Reihe drastischer Strafen für ehebrecherische Paare ausgedacht. Eine davon sieht vor, dass man das Paar an Händen und Füßen fesselt, an einer Stange aufhängt und dann in einen See mit Krokodilen wirft.

Einem betrogenen Ehemann der Ashanti in **Ghana** ist es erlaubt, die Nase seiner ehebrecherischen Frau abzuschneiden. Ohne Nase, so glaubt man dort, wird es die Frau schwerer haben, einen Liebhaber für einen weiteren Ehebruch zu finden.

Ein gehörnter Ehemann in **Manda, Tansania**, darf ebenfalls die Nase seiner untreuen Gattin abschneiden. Er muss aber zuerst seine Frau beim Sex erwischt haben.

Einer betrogenen Ehefrau in **Dakar, Senegal**, ist es gestattet, ihren Mann zu töten. Sie darf aber nicht auch seine Geliebte ermorden, diese wird vielmehr für drei Jahre ihre Sklavin.

Es ist in **Kolumbien** ein »entschuldbarer Akt der Leidenschaft«, wenn ein Mann seine untreue Ehefrau ermordet, nachdem er sie mit ihrem Liebhaber im Bett erwischt hat.

In **Uruguay** hat ein Ehemann, der seine Gemahlin im Bett mit einem anderen Mann erwischt, nach geltendem Recht zwei Optionen: Er kann beide töten oder er kann seiner Gattin die Nase abschneiden und ihren Liebhaber kastrieren.

Ein Ehemann in **Yaounde, Kamerun**, ist berechtigt, seine Frau auf der Stelle zu töten, wenn er sie mit einem anderen Mann im Bett erwischt. Er darf dies aber nur mittels Durchschneidens der Kehle tun. Dem Liebhaber der Frau darf er nichts antun, weil nach dortigem Recht die Frau allein für den Ehebruch verantwortlich ist.

Ein gehörnter Ehemann darf in **Mandang** auf **Neuguinea** rechtmäßig den Liebhaber seiner Frau enthaupten. Vorher aber muss der Liebhaber einen Finger oder Zeh der entweihten Frau abschneiden und vor dem versammelten Stammesvolk aufessen.

Nach einem Ehebruch in **Pennsylvania** darf der schuldige Ehegatte auch nach der Scheidung den Liebhaber nicht heiraten, solange der Exgatte noch lebt.

§ 145 Straff deſ Eebruchſ [Strafe für Ehebruch]

Item ſo ein Eeman einen andern vmb vnkeuſcher werck willen, die er mit ſeinem eeweyb verbracht hat, peinlich beclagt vnd deſ vberwindet, derſelbig eebrecher ſol nach ſage der Keyſerlichen recht mit dem ſchwerdt zum todt geſtrafft werden, Vnd die Eebrecherin hat jr heyratgut vnd

morgengab gegen jrem Eeman verwürckt, sol auch zu ewiger buss vnd straff verspert vnd gehalten werden.

2. Bambergische Halsgerichtsordnung von 1507

§ 1 Erstmaliger Ehebruch

Erster Ehebruch eines unbemittelten Ehemanns mit einer ledigen Weibs-Person, wird 4 Wochen in der Gefängniß mit Wasser und Brod, sofort mit dreymahliger Vorstellung in Eisen, oder dem sogenannten Brecher vor der Kirchen-Thür, und zwar mit entblößten Arm, auch Licht und Ruthen in der Hand habend, abgestrafft.

§ 2 Rückfall

Der zweyte Ehebruch, welchen ein Ehemann mit einer Ledigen und nachmahls mit einer Verehelichten, oder vice versa anfänglich mit einer Verheyrathen, sodann mit einer Ledigen begehet, ist mit dreymahliger Vorstellung, auch 8 wochiger Gefängniß und geringer Atzung ... gestrafft.

§ 3 Erneuter Rückfall

Der dritte Ehebruch eines verheyrathen Manns, auch nur mit einer ledigen Weibs-Person, gehet an das Leben.

Codex Juris Bavarici Criminalis von 1751

Im Connecticut und Pennsylvania der Kolonialzeit wurde Ehebrechern im Wiederholungsfalle mit einem glühenden Eisen ein A für Adultery, der englischen Bezeichnung für Ehebruch, auf die Stirn gebrannt.

Während der Regentschaft von Henry I. wurden in England Ehebrecher zuerst kastriert und dann geblendet.

Harte Strafen für Seitensprünge

Ein verheirateter Mann ist in **Saudi-Arabien** im Februar 2002 zu einer sechsjährigen Haftstrafe und zusätzlich 4.750 Peitschenhieben verurteilt worden, weil er Geschlechtsverkehr mit seiner Schwägerin hatte. Allerdings wird er die Schläge in Raten bekommen: Jeweils fünfundneunzig.

Anfang 2002 ist in **Nigeria** eine 35-jährige Frau wegen Ehebruch zum Tod durch Steinigung verurteilt worden. Das Urteil soll vollstreckt werden, sobald das Baby, das gleichzeitig den Beweis des Ehebruchs darstellt, keine Muttermilch mehr braucht. Nach der Gotteslästerung ist der Ehebruch laut nigerianischem Recht die zweitschwerste Straftat, schlimmer noch als Mord.

Noch im Oktober 2001 wurde in **North Carolina** ein Mann wegen Ehebruchs zu 100 Dollar Geldstrafe verurteilt, weil er vor Gericht zugab, mit seiner anderweitig verheirateten Freundin Bett und Wohnung zu teilen. Das entsprechende Gesetz stammt aus dem Jahre 1805, wird jedoch noch heute angewendet.

... und in Deutschland?

Affären jeder Art sind in Deutschland inzwischen legal. Der Ehebruch ist nicht mehr strafbar, seit der § 172 StGB, der für Ehebruch Gefängnis bis zu sechs Monaten vorsah, im Jahr 1967 abgeschafft worden ist. Aufgrund des geltenden Zerüttungsprinzips wird der Ehebruch zudem nicht einmal mehr als Scheidungsgrund gebraucht. Aus juristischer Sicht bestehen deshalb keine Bedenken gegen lustvolle Seitensprünge.

6. Blutschande und Doppelehe

Kurioses über Inzest und Bigamie

6.1 Inzest

Inzest, auch Blutschande genannt, beschreibt ein besonders gutes Familienverhältnis. Inzucht war aus religiösen Gründen und wegen der erhöhten Gefahr von Erbkrankheiten für die Früchte solcher Beziehungen schon immer ein Tabu.

Inzestuöse Ehen sind in **Alabama** legal, bis sie annulliert werden.

Inzest ist in **Arizona** ein Verbrechen, allerdings mit interessanten Altersfreigaben: Inzest kann erst von über 15jährigen begangen werden, ist darunter also straffrei. Cousins und Cousinen ersten Grades können es auch dann wieder miteinander treiben, wenn sie über 65 Jahre alt sind.

Auf Inzest steht in **Kankan, Guinea**, der Tod durch öffentliches Verbrennen auf dem Scheiterhaufen.

Wer in **Monrovia, Liberia**, des Inzests schuldig gesprochen wird, muss Selbstmord begehen oder einen Killer mit der eigenen Ermordung beauftragen.

Inzest wird in **Santa Ana, El Salvador**, entweder mit der Verbannung ins Exil oder mit dem Tod durch den Strang bestraft. Die Wahl zwischen beidem wird aber nicht dem Gesetzesbrecher überlassen.

Im antiken **Ägypten** galt Inzest nicht nur als akzeptable, sondern sogar als erwünschte Sexualpraktik. Das Gesetz erlaubte es dem Mann, seine eigene Schwester zu heiraten, um dadurch den Familienstammbaum rein zu halten.

... und in Deutschland?

Inzest wird vom Strafgesetzbuch unter § 173 als Beischlaf zwischen Verwandten erfasst und mit Freiheitsstrafe bis zu drei Jahren oder mit Geldstrafe bestraft.

6.2 Bigamie

Eine Doppelehe liegt vor, wenn jemand gleichzeitig mit zwei Ehepartnern verheiratet ist. Bigamie ist damit die mildeste Form der Polygamie.

In **Florida** macht man sich der Bigamie nicht schuldig, wenn man glaubt, dass der frühere Ehegatte tot ist. Hat einen der frühere Ehegatte freiwillig verlassen und ist für mindestens drei Jahre weggeblieben, hat der Bigamist ebenfalls freie Bahn.

In **New York** hat es der Bigamist leicht. Dort reicht als Ausrede bereits aus, wenn man geglaubt hat, man selbst oder der neue Partner sei in Wirklichkeit unverheiratet.

In **Kalifornien** wird Bigamie mit Geldstrafe bis zu 10.000 Dollar oder mit Freiheitsstrafe bis zu einem Jahr bestraft.

In **Rhode Island** macht man sich der Bigamie nicht strafbar, wenn man zum Zeitpunkt der früheren Ehe als Mann unter 14 und als Frau unter 12 Jahre alt war.

Bigamie ist in **Ungarn** streng verboten. Ein Mann, der mehr als eine Ehefrau gleichzeitig hat, wird in einer sehr ungewöhnlichen Weise bestraft: Bigamisten müssen nach dem Gesetz mit beiden Ehefrauen gleichzeitig im selben Haus leben. Die strikte Einhaltung aller anstehenden Ehepflichten, meinen die ungarischen Gesetzesverfasser, sei schließlich Strafe genug.

§ 9 [Bigamie]
Laßt ſich eine verehelichte Perſon währender Ehe mit einer anderen, oder eine Ledige mit einer Verehelichten wiſſentlich auf die zweyte Ehe ein; ſo iſt Beederſeitſ daſ Leben durch daſ Schwerdt verwürckt, auſgenommen, da die letzte vermeinte Ehe durch den Beyſchlaff nicht vollzogen.

Codex Juris Bavarici Criminalis von 1751

Fünf Frauen sind vier zu viel

Im Bundesstaat **Utah** ist 2001 ein 52-jähriger Mann wegen Bigamie zu einer Gefängnisstrafe von 5 Jahren sowie zur Rückzahlung von $ 58.000.- betrügerisch erschlichener Sozialhilfe verurteilt worden. Der Mormone ist mit insgesamt fünf wesentlich jüngeren Frauen verheiratet und ist Vater von 29 Kindern. Drei seiner Frauen waren zum Zeitpunkt des Urteilsspruches schwanger. Die Familie lebt größtenteils von Sozialhilfe und haust in einer Wohnwagensiedlung.

... und in Deutschland?

Die Doppelehe wird gemäß § 172 StGB mit Freiheitsstrafe bis zu drei Jahren oder mit Geldstrafe bestraft.

7. Happy Horse und Doggy Style

Erlaubte und verbotene Liebesstellungen und Spielzeuge

Hatten Sie schon mal Sex in einer anderen als der Missionarsstellung? Womöglich noch tagsüber? An einem Mittwoch, Freitag oder Samstag? Oder hatten Sie schon mal während der Periode Sex oder haben Sie gar einen Vibrator benutzt? Dann hätten Sie in vielen Ländern der Welt das Gesetz gebrochen und müßten mit harter Bestrafung rechnen.

In **Washington D.C.** ist Sex nur zwischen Ehegatten erlaubt – und auch nur in der Papa-Mama-Position.

Die Stadt **Wolgograd** in **Russland** erlaubt nur traditionellen Geschlechtsverkehr, der in der Missionarstellung stattfinden muss. Klar ist, dass dabei die Vorhänge zugezogen und das Licht ausgeschaltet sein müssen.

Auch in **Romboch, Virginia**, ist Sex bei eingeschaltetem Licht gesetzeswidrig.

Die alte Rein-Raus-Übung ist selbst in Ungarns Hauptstadt **Budapest** nur im Dunkeln erlaubt. Es ist gesetzwidrig, Sex zu haben, wenn das Licht brennt, ein Feuer romantisch im Kamin knistert oder eine Kerze sanft flackert.

Liebende in **Ploiesti, Rumänien** dürfen sich tagsüber nicht sexuell betätigen. Nach einer Verordnung ist das Liebemachen dort nur nachts erlaubt.

Während des Badens in den Seen, Flüssen oder Becken von **Cattle Creek, Colorado**, darf nicht sexuell miteinander verkehrt werden.

In **Norfolk, Virginia** ist der Beischlaf im Beiwagen eines Motorrades verboten.

In **London** braucht es für das Verbot nicht einmal einen Beiwagen: Man darf auf einem abgestellten Motorrad keinen Sex treiben. Von fahrenden Motorrädern ist allerdings nichts gesagt ...

In den Autokinos von **Litchfield, Minnesota**, darf ein Paar auf den Rücksitzen des Autos keinen Sex haben. Auf den Vordersitzen kommt es dagegen mit dem Gesetz nicht in Konflikt.

In **Skullbone, Tennessee**, dürfen Männer am Steuer sich während der Fahrt von Frauen nicht befriedigen lassen. (Von Männern also doch?) Wenn ein Mann mit runtergelassenen Hosen angehalten wird, drohen eine Geldstrafe von mindestens 50 Dollar sowie 30 Tage Gefängnis.

Harte Zeiten für Mechaniker: Unter dem Auto liegend darf man es in **Bristol, England**, nicht treiben.

Die Kassiererinnen der gebührenpflichtigen **Pennsylvania**-Schnellstraße dürfen in den Kassenhäuschen keinen Sex mit Lkw-Fahrern haben.

Beim Bettenkauf in **Louisiana** ist zwar Probeliegen, aber kein echter Sex erlaubt. Darüber wacht Mr. Hallmackenreuter.

Während des Vorspiels dürfen (oder müssen?) die Männer in **Weißrussland** ihre Frauen schlagen. Tun sie das nicht, lieben sie ihre Frauen nicht wirklich, so lautet die Erklärung.

Im nördlichen Territorium von **Australien** ist Gruppensex verboten, da Sex zwischen mehr als zwei Personen als öffentlicher Sex angesehen wird.

Den Frauen und Männern in **Mosambik** ist Sex verboten, während sich ihr Vieh auf der Weide befindet. Mit anderen Worten: Sexuelle Aktivitäten sind von morgens bis abends tabu.

Nach Sonnenuntergang dürfen Paare auf den Stufen einer Kirche in **Birmingham, England**, keinen Sex haben. Darauf steht eine Geldstrafe von 25 Pfund.

Während der Fastenzeit ist im **Iran** Sex verboten, denn »Geschlechtsverkehr macht das Fasten ungültig«.

Für Männer in **Montevideo, Uruguay**, gilt ein striktes Sexverbot, wenn ihre Frauen menstruieren. Sie dürfen sie nicht einmal zwischen der Hüfte und den Knien berühren. Jeder, der gegen dieses Gesetz verstößt, wird mit 200 Peitschenhieben bestraft.

Beginnt eine **muslimische** Frau während des Intimverkehrs zu menstruieren, muss der Mann sofort abbrechen. Schafft er das nicht und ejakuliert stattdessen, muss der Mann laut Gesetz Geld an die Armen spenden. Da muß der Imam aber genau hinsehen ...

In **Durango, Mexiko**, ist Sex während der Periode bei Todesstrafe verboten. Genauer: Vom Beginn der Regel an muss zwölf Tage gewartet werden, wovon die letzten sieben Tage der »Reinigung« dienen. Nach den zwölf Tagen muss die Frau ein Bad nehmen, dann darf der Beischlaf vollzogen werden.

In **Alabama, Georgia**, und einigen anderen US-Bundesstaaten sind Dildos, Vibratoren und Seemannsbräute streng verboten. Nach dem Gesetz ist der Verkauf, die Produktion oder der Vertrieb eines jeden Gerätes verboten, das in erster Linie für die Stimulation der menschlichen Geschlechtsorgane bestimmt ist. Die Verletzung des Dildo-Verbotes ist ein

Vergehen, strafbar mit einem Jahr Gefängnis oder Arbeitslager sowie $ 10.000.- Geldstrafe. Vibratoren werden also als gefährlicher angesehen denn Schusswaffen, die dort frei verkäuflich sind.

Eine Person, die in **Texas** sechs oder mehr obszöne Geräte wie zum Beispiel Vibratoren besitzt, macht sich eines Verbrechens schuldig, auf das Staatsgefängnis steht. Beim Besitz von sechs Dildos oder mehr wird nämlich kraft Gesetzes unterstellt, dass diese für den Verkauf bestimmt sind.

§ 270 [Sachen zu unzüchtigem Gebrauche]
Wer eine Sache, die zu unzüchtigem Gebrauche bestimmt ist, öffentlich ankündigt oder anpreist oder an einem allgemein zugänglichen Orte ausstellt, wird mit Gefängnis bis zu zwei Jahren oder mit Geldstrafe bestraft.

Amtlicher Entwurf Allgemeines Deutsches Strafgesetzbuch von 1925

Kein Christ im frühen Rom durfte sich Sex am Mittwoch, Freitag oder Samstag gönnen. Liebesspiele waren an diesen Tagen gesetzlich verboten.

Männern war es im 17. Jahrhundert nach englischem Recht untersagt, mit einem »gebutterten Brötchen« ins Bett zu gehen, d.h. Sex mit einer Frau zu haben, die vorher gerade Geschlechtsverkehr mit einem oder mehreren anderen Männern gebabt hatte.

8. Blasen unter Wasser streng verboten

Sexpraktiken von Anal bis Oral

Oraler Sex ist Geschmackssache – und für die meisten ist »Arschficken« nur ein obszönes Wort und kein offenherzig geäußerter Wunsch. In vielen Ländern außerhalb Europas ist Oral- und Analverkehr sogar verboten. Für die Gesetzgeber der Welt sind dies derart perverse Sexualpraktiken, dass sie vielfach nicht einmal beim Namen genannt, sondern als »widernatürliche Unzucht« u.ä. umschrieben werden.

8. 1 Definitionen

Das Strafgesetzbuch von **South Carolina** stellt »das abscheuliche Verbrechen der widernatürlichen Unzucht« unter Strafe: 500 Dollar Geldstrafe und fünf Jahre Gefängnis.

Etwas präziser das **kalifornische** Strafgesetzbuch. Hier wird Oralverkehr als »die Kopulation des Mundes einer Person mit dem Geschlechtsteil oder Anus einer anderen Person« definiert.

Jeder Akt der sexuellen Befriedigung zwischen unverheirateten Personen, an dem die Geschlechtsteile einer Person und der Mund oder der After einer anderen Person beteiligt sind, ist in **Alabama** abweichender und damit strafbarer Geschlechtsverkehr.

Ganz genau und genüßlich malen die Gesetzgeber in **Maryland** sich die Angelegenheit aus: »Jede Person, die für schuldig befunden wird, das Geschlechtsteil einer anderen Person oder eines Tieres in den Mund genommen zu haben, oder die für schuldig befunden wird, ihr Geschlechtsteil in den Mund einer anderen Person oder eines Tieres gesteckt zu haben, wird mit einer Geldstrafe von nicht mehr als $ 1.000.- oder Gefängnis von nicht mehr als zehn Jahren bestraft.«

§ 554 Abs. 1 Maryland-Annotated-Code

8.2 Strafmaße – wer bietet mehr?

In **Oklahoma** ist Französisch ein *Vergehen* und wird mit einem Jahr Gefängnis und $ 2.500.- Geldstrafe geahndet.

Im **District of Columbia (D.C.)** ist es sogar ein *Verbrechen*, das Geschlechtsteil einer anderen Person in den Mund zu nehmen.

In **North Carolina** schließlich wird Oralverkehr als *Verbrechen wider die Natur* betrachtet und mit Gefängnis bis zu drei Jahren bestraft.

In **Rhode Island** steht auf »Verbrechen wider die Natur« eine Gefängnisstrafe von mindestens sieben Jahren.

In **Kanada** ist Analverkehr strafrechtlich verfolgbar. Das Gesetz sieht dafür eine Freiheitsstrafe von bis zu zehn Jahren vor.

Mississippi sieht für »widernatürlichen Geschlechtsverkehr« eine Freiheitsstrafe bis zu zehn Jahren vor.

Sri Lanka sieht für Oral- und Analverkehr zwölf Jahre Gefängnis vor.

Analverkehr wird in **Papua-Neuguinea** mit Freiheitsstrafe bis zu vierzehn Jahren geahndet.

In **Idaho** kann wegen Analverkehr sogar eine lebenslängliche Gefängnisstrafe verhängt werden.

Einen besonders weiten Strafrahmen für Oral- und Analverkehr gibt es in **Michigan**: Dort droht Sexstraftätern Gefängnis von mindestens einem Tag bis zu maximal lebenslänglich.

»Widernatürliche Unzucht« wird in **Nigeria** mit 14 Jahren Gefängnis bestraft. In den Landesteilen allerdings, in denen noch die islamische Scharia gilt, droht der Tod durch Steinigung.

In **Mauretanien** schließlich steht auf Anal- und Oralverkehr generell die Todesstrafe.

8.3 Sonderregelungen

In **Tajikistan** steht nur der Analverkehr zwischen Männern unter Strafe.

Spiegelt in **Kalifornien** der Täter dem Opfer vor, dass er der Ehegatte des Opfers ist und verleitet es dadurch zum Oralverkehr, wird er zu drei bis acht Jahren Staatsgefängnis verurteilt.

Analverkehr ist in **Großbritannien** zwischen heterosexuellen Paaren gesetzwidrig, sogar hinter verschlossenen Türen durch Ehemann und Ehefrau. Homosexueller Analverkehr ist dagegen seit 1967 legal.

In **Oklahoma** werden Täter des »abscheulichen und scheußlichen Verbrechens wider die Natur« mit Gefängnis bis zu zehn Jahren bestraft. Wird die Tat wiederholt und an einem unter 16jährigen begangen, muss der Täter sogar lebenslänglich hinter Gitter.

Blasen bis der Arzt kommt

Im Oktober 1998 vergnügten sich ein 34-jähriger Mann und eine 25-jährige Frau im Wasser vor dem berühmten Strand von Darwin, Australien, in einer Reihe von verschiedenen Stellungen, bevor sie nach unten tauchte, um ihren Freund mit dem Mund zu verwöhnen. Der Mann wurde dadurch so stark erregt, dass er mit seinen Händen ihren Kopf ergriff, um sie in der angenehmen Stellung zu halten. Irgendwann hörte die Frau allerdings auf zu saugen – sie war zwischenzeitlich ertrunken. Der Mann wurde wegen fahrlässiger Tötung zu viereinhalb Jahren Haft verurteilt.

9. Lesbische Männer und schwule Frauen

Das Verbot der Homosexualität

Homosexualität ist die Liebe zum eigenen Geschlecht. Dabei werden Männer als schwul und Frauen als lesbisch bezeichnet. Die gleichgeschlechtliche Liebe ist zur Fortpflanzung tendenziell ungeeignet und wird deshalb in den meisten Rechtsordnungen unter strenge Strafe gestellt.

Im Gesetzbuch von **Arkansas** findet sich unter § 5-14-122 folgende Definition der Sodomie: Sodomie ist jede Handlung der sexuellen Befriedigung mittels Penetration des Afters oder des Mundes eines Mannes mit dem Penis eines anderen Mannes; oder die Penetration des Afters oder der Vagina einer Frau durch den Körperteil einer anderen Frau. Sodomie ist ein Klasse-A-Vergehen.

Homosexualität wurde in **Albanien** für ungesetzlich erklärt, egal ob es sich um Männer oder Frauen handelt. Zwei Männern oder zwei Frauen ist es niemals erlaubt, im gleichen Bett zu schlafen. Das gilt auch, wenn sie nicht homosexuell sind.

Eine Person begeht in **Texas** ein Klasse-C-Vergehen, wenn sie sich auf abweichenden Geschlechtsverkehr mit einer Person des gleichen Geschlechts einlässt.

Für »unanständige, widernatürliche Handlungen mit einer Person des gleichen Geschlechts« sieht **Marokko** Freiheitsstrafen von sechs Monaten bis zu drei Jahren sowie eine zusätzliche Geldstrafe von 120 bis 1.200 Dirham vor.

Auch in **Kenia** sind homosexuelle Aktivitäten strengstens verboten und werden mit bis zu vier Jahren Gefängnis bestraft.

Puerto Rico hat die Strafzumessung für homosexuellen Geschlechtsverkehr durch klare Vorgaben sehr vereinfacht. Das Gesetz sieht dort eine obligatorische zehnjährige Freiheitsstrafe vor.

Mit Auspeitschung und bis zu zwanzig Jahren Gefängnis werden in **Malaysia** homosexuelle Handlungen bestraft. Homosexuelle dürfen dort auch nicht im Fernsehen oder Radio auftreten.

Männliche Homosexualität ist in **Indien, Nepal** und auf den **Malediven** gesetzlich verboten, strafbar mit bis zu lebenslänglicher Freiheitsstrafe.

In **Panama** droht bei homosexuellem Verhalten die Kastration.

In **Peru** steht auf homosexuelle Liebe nach einem alten, noch immer gültigen Gesetz aus dem Jahre 1583 die Todesstrafe.

Homosexualität ist im **Iran** allerstrengstens verboten. Wer der gleichgeschlechtlichen Liebe angeklagt ist, hat die Wahl zwischen vier verschiedenen Todesarten: Erhängung, Steinigung, Halbierung durch das Schwert und Herunterstoßen aus großer Höhe. Für eine Verurteilung reicht es schon aus, wenn zwei Männer nackt unter der Bettdecke entdeckt werden.

In früheren Zeiten galten Homosexualität und Sodomie als ein und dasselbe:

§ 10 [Widernatürliche Unzucht]
Fleischliche Vermischung mit dem Viehe, todten Körpern, oder Leuthen einerley Geschlechtß, alß Mann mit Mann, Weib mit Weib, werden nach vorgängiger Enthauptung, durch daß Feuer gestrafft.

Codex Juris Bavarici Criminalis von 1751

Die widernatürliche Unzucht, welche zwischen Personen männlichen Geschlechtß oder von Menschen mit Thieren begangen wird, ist mit Gefängniß zu bestrafen; auch kann auf Verlust der bürgerlichen Ehrenrechte erkannt werden.

§ 175 Reichsstrafgesetzbuch von 1871

… und in Deutschland?

Homosexualität ist in Deutschland erst seit wenigen Jahren nicht mehr strafbar. Vorher galt der so genannte Schwulenparagraph. Der legendäre § 175 des Strafgesetzbuchs drohte Männern bei homosexuellen Handlungen mit bis zu 10 Jahren Zuchthaus. Erst im Jahre 1994 erfolgte die vollständige Abschaffung der Strafbarkeit von Homosexualität. Die lesbische Liebe war übrigens zu keinem Zeitpunkt strafbar.

10. Vom Vögeln mit Vögeln

Sex mit Tieren

Das Wort Sodomie kommt aus der Bibel. Gott zerstörte dort die lasterhaften Städte Sodom und Gomorrha. Was genau an ihnen so sündig war, steht in der Bibel nicht. In Deutschland versteht man unter Sodomie sexuelle Kontakte zu Tieren. Der Übergang von Tierliebe zu Sodomie ist dabei fließend. Wer kennt sie nicht, die einsame Witwe, die sich einen Schoßhund angeschafft hat und sich von diesem mit der Zunge befriedigen lässt. Oder den einsamen Schafhirten in der Lüneburger Heide, der sich mangels verfügbarer Frauen an seinen Schafen vergeht.

»Widernatürlicher Geschlechtsverkehr ist das abscheuliche Verbrechen mit einem Biest wider die Natur begangen« und wird in **Mississippi** mit bis zu zehn Jahren Haft bestraft.

Das Strafgesetzbuch von **Victoria, Australien**, gibt sich mehr Mühe und unterscheidet zwischen vier verschiedenen Arten der Sodomie:

1. Analverkehr durch einen Mann an einem Tier beiderlei Geschlechts begangen
2. Analverkehr durch ein Tier ausgeübt an einem Mann oder einer Frau

3. Penetration der Vagina eines Tieres durch den Penis eines Mannes
4. Penetration der Vagina einer Frau durch den Penis eines Tieres

Sodomie steht in dreißig US-Bundesstaaten unter Strafe. In **Montana** etwa wird Sodomie als abweichendes Sexualverhalten mit bis zu zehn Jahren Gefängnis oder bis zu $ 50.000.- Geldstrafe geahndet. In **North Carolina** gibt es für Verbrechen wider die Natur drei bis zehn Jahre Knast, in **Michigan** bis zu 15 Jahre – im Wiederholungsfalle sogar lebenslänglich. **Rhode Island** sieht für Sodomie eine Strafe vor von mindestens sieben Jahren bis höchstens 20 Jahre. Auch in **Oklahoma** gilt eine Höchststrafe von 20 Jahren, die sich bei Wiederholungstätern ruckzuck in lebenslänglich ohne Bewährung verwandeln kann.

In **Tasmanien** steht auf Sex mit Tieren Gefängnisstrafe bis zu 21 Jahren.

In **Krakau, Polen**, ist es ein Verbrechen, Sex mit Tieren zu haben, Dreifachtäter bekommen sogar eine Kugel in den Kopf.

Muffin, das Maultier

Im Dezember 1991 beschäftigte ein kurioses Scheidungsverfahren ein **türkisches** Gericht: Eine 42-jährige Frau verdächtigte ihren 55-jährigen Ehemann, untreu zu sein, weil er Nacht für Nacht weg blieb. Dann aber fand sie heraus, dass er Sex mit »Muffin« hatte – dem Maultier ihrer Familie. Der Richter versuchte, das Paar zu versöhnen und forderte den Mann auf, das Maultier zu verkaufen. Der verweigerte dies mit der Begründung: »Sie ist wunderschön und nörgelt nicht.« Der Richter gab daraufhin dem Scheidungsantrag der sexuell frustrierten Ehefrau statt.

Treibt eine Frau im **Libanon** Unzucht mit einem Tier, wird sie hingerichtet.

Sodomie wird in **Sierra Leone** durch Verbrennen auf dem Scheiterhaufen bestraft. Nach dem Gesetz wird Sodomie unter keinen Umständen toleriert.

In **Minnesota** hat man auch an die kreativen Sodomisten gedacht, denn dort ist das Vögeln mit Vögeln ausdrücklich verboten.

Das Alpaka, eine Lamaart, ist in **Peru** der beliebteste vierbeinige Sexualpartner alleinstehender Männer. Sex mit ihm ist bei Androhung der Todesstrafe verboten. Unverheirateten jungen Männern ist es deshalb generell untersagt, ein weibliches Alpaka in ihrer Wohnung zu halten – vorsichtshalber.

Die Geschlechtsteile eines Tieres dürfen Sie in **Maryland** weder in den Mund nehmen, noch Ihr eigenes Geschlechtsteil dem Tier in die Schnauze stecken. Oralsex mit Tieren kann bis zu 10 Jahre Gefängnis kosten.

Nach dem **islamischen** Recht ist es eine Todsünde, das Fleisch eines Lamms zu essen, nachdem man sexuelle Beziehungen mit ihm hatte.

Wenn ein Mann in **Oman** Sex mit einem Kamel, einer Kuh oder einem Schaf hatte, ist laut Gesetz die Milch des Tieres unrein und für den menschlichen Verke- äh, Verzehr nicht mehr geeignet. Das omanische Gesetz verlangt, dass das Tier sofort getötet und verbrannt wird. Der Tierschänder muss dem Besitzer dann den Marktwert des Tieres ersetzen.

§ 1069 Unnatürliche Sünden (Sodomie)
Sodomiterey und andere dergleichen unnatürliche Sünden, welche wegen ihrer Abſcheulichkeit hier nicht genannt werden können, erfordern eine gänzliche Vertilgung deſ Andenkenſ.

Allgemeines Landrecht für die Preußischen Staaten von 1794

Schweinischer Sex

In **Enfield, North Carolina**, steht ein 59-jähriger Mann wegen Sex mit seinem Schwein vor Gericht. Ein 10-jähriger Junge hatte den Mann dreimal dabei beobachtet, wie er Sex mit seinem Schwein hatte und dies seiner Mutter erzählt. Die informierte die Polizei, von der er nun auf frischer Tat ertappt wurde. Der Mann gab zu, zuletzt zweimal täglich Sex mit seinem Schwein gehabt zu haben. Er erklärte diese ungewöhnliche Liebesbeziehung damit, dass seine menschliche Freundin eine Crack-Hure sei und er Angst habe, Aids von ihr zu bekommen. Das Gericht beschloss im Mai 2000, den Mann vor einer Urteilsfindung zunächst psychiatrisch untersuchen zu lassen.

... und in Deutschland?

In Deutschland ist Sodomie grundsätzlich nicht mehr strafbar. Der §175 b StGB, der die widernatürliche Unzucht mit Tieren regelte, ist inzwischen aufgehoben worden. Allerdings kann Sodomie nach §§ 17 und 18 des Tierschutzgesetzes eine Straftat bzw. eine Ordnungswidrigkeit sein, wenn dem Tier Schmerzen, Leiden oder Schäden zugefügt werden. Dafür gibt es Freiheitsstrafe bis zu drei Jahren oder Geldstrafe. Also lieber Tierfreund, immer an das Gleitmittel denken!

Im übrigen gilt: Die Besamung von Tieren ist in Deutschland legal, wenn Sie vorher eine behördliche Besamungserlaubnis eingeholt haben. Die Einzelheiten können Sie im Tierzuchtgesetz nachlesen.

11. Finger weg, sonst Hand ab!

Anti-Masturbations-Vorschriften

Onanie liegt nach der Rechtsprechung des Bundesgerichtshofs (BGHSt. 1, S. 107) vor, wenn der Täter eine unzüchtige Handlung an sich selber vornimmt. Die Selbstbefleckung ist das Einstiegsdelikt in die Welt der Sexualstraftaten. Praktisch alle Vergewaltiger, Sodomisten, Kinderschänder und Pornosüchtige haben mal als kleine Masturbierer angefangen. Nur am Rande sei erwähnt, dass die Selbstbefriedigung die Ursache vieler Krankheiten ist wie z.B. Rückenmarkschwindsucht, Epilepsie, Idiotie und Inkompetenz. Deswegen ist es nur allzu verständlich, dass die Onanie in vielen Ländern schwer bestraft wird.

Harte Zeiten für Handarbeiter – in **North Carolina** ist die Masturbation gesetzlich verboten.

In **North Dakota** ist das Onanieren in der Öffentlichkeit als unsittliche Entblößung ebenfalls untersagt.

Minderjährige dürfen in **Dumfries, Schottland**, nicht zur Onanie verleitet oder angestiftet noch darf Beihilfe dazu geleistet werden. In **Indiana** und **Wyoming** ist die Anstiftung und Beihilfe zur Onanie von unter 21-Jährigen ebenfalls gesetzlich verboten.

Onanie ist in **Französisch-Guyana** wegen »der Gefahren für den Masturbanten« gesetzlich verboten. Das Gesetz stellt fest, dass Masturbation ein häufiger Grund für Geisteskrankheit ist.

In **Singapur** wird das gegenseitige Masturbieren von Männern, sowohl in der Öffentlichkeit als auch zu Hause, mit Freiheitsstrafe bis zu zwei Jahren bestraft.

Fünf Jahre Gefängnis für Masturbation? Ja! Das Gesetz in **Michigan** schreibt eine solch strenge Strafe für Männer vor, die sich an Handlungen grober Unanständigkeit entweder in der Öffentlichkeit oder privat beteiligen. Dies gilt für gegenseitige Masturbation zwischen zwei Männern ebenso wie für die einsame Selbstbefleckung.

Gegenseitige Masturbation zwischen zwei Frauen wird in **Danzig, Polen**, mit ein bis zwei Jahren Arbeitslager bestraft.

… und in Deutschland?

Das private Die-Gurke-rütteln bzw. An-der-Möse-kratzen ist nicht strafbar. Aber sobald es öffentlich betrieben wird, kann es nach § 183 a StGB als Erregung öffentlichen Ärgernisses bestraft werden. Wird die Selbstbefriedigung vor Milchschnittenessern ausgeübt, ist der Tatbestand des sexuellen Missbrauches von Kindern gemäß § 176 StGB erfüllt und wird mit Freiheitsstrafe bis zu fünf Jahren bestraft.

Schulgesetz des Landes Sachsen-Anhalt in der Fassung vom 27.08.1996

Fünfter Teil, zweiter Abschnitt: Antimasturbations-Vorschriften

§ 44 a Masturbation

1. (1) Masturbation im Sinne dieses Gesetzes ist die manuelle Reizung der äußeren Genitalien bis zum Samenerguss beim Schüler bzw. Sekreterguss bei der Schülerin.

   (2) Das Wort Masturbation ist eine Ableitung aus den lateinischen Wörtern manus (= Hand) und stuprum (= Unzucht).

2. Die Geschlechtsorgane sind ausschließlich zum Ausscheiden von Urin bestimmte Körperteile, jeder andere Gebrauch fällt der Untersagung anheim. Körperkontakt, der nicht für die Emission von Urin oder für die Körperhygiene zwingend notwendig ist, ist nur nach vorheriger Genehmigung durch den schulärztlichen Dienst admissibel.

§ 44 b Prävention

1. Die Schulverwaltung hat durch eine geeignete bauliche Gestaltung der Schüler-Bedürfnisanstalten dafür Sorge zu tragen, dass dort eine unbeobachtete widernatürliche Selbstbefriedigung nicht möglich ist. Diesbezüglich können je nach den Örtlichkeiten Videokameras installiert bzw. die Aborttüren ausgehängt werden.

2. Männliche Zöglinge erhalten die Erlaubnis zum Abortbesuch nur noch in Begleitung eines Unterrichtsbeamten. Für unerlässliche Berührungen der Genitalien werden Gummihandschuhe ausgegeben.

3. Die vorgeschriebene Höhe der Schulbänke muss je nach Jahrgangsstufen in einer Weise festgelegt werden, dass

mindestens hundert Millimeter Abstand zwischen der Oberseite des Oberschenkels des Schülers und der Unterkante des Schulmöbels verbleiben, damit die Vermeidung jeder ungewollten Reizung der Genitalien gewährleistet ist.

4. Das Verborgenhalten der Hände des Schülers unter der Bank ist nicht gestattet, diese müssen vielmehr während des Unterrichts die ganze Zeit sichtbar auf dem Tisch geschlossen gehalten werden.

5. Die zum Unterrichtsgebrauch verwendeten Lehrmittel dürfen keine wollüstigen Abbildungen oder Texte enthalten. Sofern nicht von vornherein ganz auf eine schulische Sexualaufklärung verzichtet wird, ist diese am Beispiel der Honigbiene, lat. Apis mellifera, durchzuführen.

6. Hinsichtlich unsittlicher Bekleidung – insbesondere von Schülerinnen – wird zwecks der Vermeidung von Wiederholungen auf die Schulbekleidungsverordnung vom 12.07.1995 Bezug genommen.

§ 44 c Kontrollen

1. Mindestens einmal täglich sind die Genitalien und die Unterwäsche der Schüler einer Inaugenscheinnahme auf Samen- bzw. Sekretflecken hin zu unterziehen. Diese Inspektion kann bei entsprechender Eignung an den Hausmeister delegiert werden.

2. In unregelmäßigen Abständen sind unangekündigte Urintests durchzuführen. Eine geringe Spermien- bzw. Eizellenkonzentration im Urin ist ein ausreichender Beweis für eine vollzogene Masturbation im Sinne dieses Gesetzes.

§ 44 d Ordnungswidrigkeiten

Ordnungswidrig handelt, wer vorsätzlich oder fahrlässig

1. seine Genitalien mit den nicht gummibehandschuhten Händen ohne zureichenden Grund, oder ohne schriftliche Genehmigung des schulärztlichen Dienstes berührt.

2. an seinen Geschlechtsteilen zum Zwecke der sexuellen Stimulation manipuliert.
3. einen Samen- oder Sekreterguss, gleich aus welchem Grunde, hat.

§ 44 e Meldepflicht

Wer einen Mitschüler bei der Selbstbefleckung beobachtet, hat dieses unverzüglich dem Schuldirektor zu melden. Unterlässt der Tatzeuge die Meldung, ist er gleich wie der Masturbant zu bestrafen.

§ 44 f Ordnungsmaßnahmen

Ordnungsmaßnahmen sind:
a) Das Umhängen eines Schildes mit der Aufschrift »Ich habe onaniert« für 10 aufeinanderfolgende Schulpausen.
b) Die körperliche Züchtigung mit dem Rohrstock.
c) Die Verhängung von Strafarrest bis zu vier Wochen. Dieser wird im Schulkarzer vollstreckt.
d) Die zwangsweise Durchführung einer Chemotherapie unter Aufsicht des schulärztlichen Dienstes zur Dämpfung des krankhaft übersteigerten Sexualtriebes.
e) Die Verweisung von der Schule.

12. Bitte beachten Sie auch die Schwänze in unserer Auslage

Von Nackten und Exhibitionisten

Nacktheit ist vielerorts in der Welt verboten, da der Anblick unbekleideter Körper archaische Rammelimpulse auslöst. Auf den ersten Blick ganz harmlose Sachen wie Nacktbaden oder die Teilnahme an der Love-Parade sind erschreckend häufig der Auslöser von Massenorgien. Noch schlimmer sind die Exhibitionisten, die hinter Büschen auf kleine Mädchen lauern oder sich in den Talkshows die Kleidung vom Leib reißen, um sich sexuell aufzugeilen.

12.1 Definition der Nacktheit

Der **St. Johns County Nudity Ordinance (Florida, USA)** verdanken wir in Section 3 f) folgende Definition der Nacktheit:
Nackt ist jede Person, die in irgendeiner Art und Weise unzulänglich bekleidet ist, so dass einer der folgenden Körperteile nicht völlig mit undurchsichtiger Bekleidung bedeckt ist:

1. Die männlichen oder weiblichen Genitalien
2. Die männliche oder weibliche Schamgegend
3. Die weibliche Brust
4. Das Gesäß

In jedem Fall unzulänglich sind Tangas, Strings und Zahnseide. Auch Körperfarbe, Tätowierungen, Flüssiglatex und ähnliche Substanzen werden nicht als Bekleidung akzeptiert.

12.2 Definition der Rippenverschönerer

In der **St. Johns County Nudity Ordinance** wird in Section 3 b) auch die weibliche Brust definiert:
Ein Teil der menschlichen weiblichen Milchdrüse (im allgemeinen als die weibliche Brust bezeichnet) einschließlich der Brustwarzen und des Brustwarzenhofes (der die Brustwarzen umgebende, dunkler gefärbte Bereich der Brust) und der äußere Bereich einer solchen Drüse, wobei dieser üblicherweise kompakt und angrenzend an den Brustwarzenhof ist und wenigstens aus der Brustwarze und dem Brustwarzenhof und einem Viertel der äußeren Oberfläche einer solchen Drüse besteht.

In derselben Verordnung wird weiter geregelt, dass nicht mehr als ein Drittel des Hinterteils und nicht mehr als ein Viertel der Brust zu sehen sein dürfen. Bei Verstößen hiergegen drohen 500 Dollar Bußgeld oder bis zu 60 Tage Haft.

Brustnacktheit ist das unanständige zur Schau stellen der postpubertären menschlichen weiblichen Brust unterhalb eines Punktes unmittelbar über der Spitze des Brustwarzenhofes.

Code of ***Alabama****, Section 13 A-12-190*

In **Delaware** kommen die Mädchen offenbar schon mit sechs Jahren in die Pubertät. Dort dürfen nämlich bereits über 5-jährige Mädchen keine Oben-ohne-Badekleidung tragen. Die Brust muss auf jeden Fall vollständig und blickdicht verhüllt sein.

Als nackt gilt in **Utah** auch, wessen männliche Genitalien zwar vollständig und undurchsichtig bedeckt, aber in einem sichtbar angeschwollenen Zustand sind.

Wer sich in **Singapur** nackt auszieht, muss mit Strafe rechnen. Nicht einmal in den eigenen vier Wänden ist man hier vor dem Auge des Gesetzes sicher. Danach ist hüllenloses Sonnenbaden ebenso verboten wie Nacktsein in der Wohnung, sofern man dabei von Unbeteiligten beobachtet werden könnte. Nackten, die erwischt werden, droht eine Geldstrafe von umgerechnet € 1.100.-. Es können zudem drei Monate Haft verhängt werden.

Das Gesetz in **Malaysia** verbietet Nacktbaden. Wer dabei erwischt wird oder in Badekleidung außerhalb der Strände gesehen wird, kann mit zwei bis drei Jahren Gefängnis bestraft werden.

Nacktbadern wird in **Georgetown, Guyana**, mit einem Topf frischer Farbe zu Leibe gerückt. Angemalt werden sie dann an den Stadtrand von Georgetown gebracht und dort sich selbst überlassen.

In **Margate City, New Jersey**, ist es illegal, nackt oder mit einer Socke über dem Schniedelwutz zu surfen.

Verkäuferinnen ist es in den Zierfischgeschäften **Liverpools, England**, erlaubt, die Kunden oben ohne zu bedienen.

Männern in **Mississippi** ist es verboten, in erregtem Zustand in der Öffentlichkeit zu erscheinen. Für eine zufällige Erektion werden ein Jahr Gefängnis und $ 2.000.- Geldstrafe fällig. Das gilt selbst bei einem unter der Kleidung verborgenen Ständer.

Das ägyptische Recht verbietet einer Frau den Bauchtanz, es sei denn, ihr Bauchnabel ist mit einem Schleier verhüllt. Eine Frau kann in **Ägypten** folglich in der Öffentlichkeit tanzen mit absolut nichts anderem an ihrem Körper als einem Schleier über dem Bauchnabel.

Exhibitionisten werden zwar auch in **Manchester, England**, strafrechtlich verfolgt, nicht aber, wenn sie sich beim Einkaufen im Supermarkt oder Kaufhaus entblößen.

Frauen können an den Stränden von **Palermo, Italien**, oben ohne oder ganz nackt baden. Männer werden dagegen mit einer Geldstrafe belegt, wenn sie ihre Badehose ausziehen. Zur Begründung dieser Ungleichbehandlung führt das Gesetz aus: »Die männliche Anatomie kann obszön werden, sogar unabsichtlich.«

Der schamponierte künstliche Wurm

Ein etwas verklemmter Exhibitionist wollte ein »tolles Gefühl« erleben. Dazu benutzte er einen Kunstpenis, der einem erigierten Schniedelwutz täuschend echt nachgemacht war. Diesen seifte er mit einem Shampoo so ein, dass es wie ein Ejakulat aussah. Vor einer Schülerin nahm er an dem Kunstpenis onanierende Bewegungen vor. Das Landgericht **Koblenz** *(MDR 1997, S. 280)* stellte fest, dies ist keine exhibitionistische Handlung i.S.d. § 183 StGB, da essenziell für diese das Entblößen des eigenen Gliedes ist. Exhibitionist ist nicht schon, wer nur eine Attrappe vorzeigt. Genützt hat dem Zeigefreudigen dies allerdings nichts, da er stattdessen wegen Erregung öffentlichen Ärgernisses gemäß § 183a StGB zu 6 Monaten Freiheitsstrafe auf Bewährung verurteilt wurde.

Die Stadt **Tropea, Italien**, hat eine Verordnung erlassen, die das nackte Sonnenbaden regelt. Keiner Frau, die »fett, hässlich oder allgemein unattraktiv ist«, wird es erlaubt, all ihre Kleidung auszuziehen und sich nackt am Strand hinzulegen. Am Strand dürfen nur »junge Frauen, die geeignet sind, die Schönheit des weiblichen Körpers zu preisen«, nackt baden.

In **Kalifornien** ist es ein Vergehen, einer Person dazu zu raten oder ihr dabei zu helfen, sich selbst zu entblößen oder an einer Modellschau teilzunehmen.

Unsittliches und damit verbotenes Kellnern liegt in **New Mexiko** vor, wenn die Bedienung während des Servierens von Speisen und Getränken ihre Schamgegend oder ihre Brust entblößt.

In **schwedischen** Fotokabinen ist es gesetzlich verboten, Ganznacktbilder von sich selbst zu machen. Dagegen ist es vollkommen legal, sich selbst entweder oben ohne oder unten ohne zu fotografieren.

Perverse Streiche eines Medizinstudenten

Einen Scherz der besonderen Art dachte sich ein **Londoner** Medizinstudent aus: Er entfernte im Obduktionssaal eines Krankenhauses den Penis einer Leiche, befestigte ihn an seinem Hosenschlitz und schlenderte so die Westminsterbridge entlang. Als Passanten auf den entblößten Penis aufmerksam wurden, brach die Hölle los. Ein Polizist versuchte schließlich, ihn wegen unsittlicher Entblößung zu verhaften, der allerdings zog den Penis von seiner Hose und warf ihn mit einem heiteren »Da fliegt Ihr Scheiß-Beweis!« in die Themse; der Polizist und drei Touristen trauten ihren Augen nicht und fielen in Ohnmacht.

Nackte Bühnenauftritte sind in **Sanford, Florida**, mit der Ausnahme von Theateraufführungen zu wohltätigen Zwecken verboten. Verstöße gegen diese Verordnung haben eine Geldstrafe von 100 Dollar zur Folge.

Das Erscheinen in unsittlicher und unanständiger Kleidung auf öffentlichen Plätzen ist in **El Paso, Texas**, verboten.

In **China** dürfen Männer den fast nackten Körper einer Frau sanktionslos anschauen. Absolut verboten ist es hingegen, die nackten Füße einer Frau zu betrachten.

Das Gesetz in **Doha, Qatar**, schreibt einer nackten muslimischen Frau, die von einem Mann beim Baden oder Ankleiden überrascht wird, vor, zuerst ihr Gesicht und erst dann ihren Körper zu bedecken.

Der Nacktläufer

Das Oberlandesgericht Karlsruhe hatte unlängst über die Zulässigkeit des Nacktjoggens zu entscheiden. Ein **Freiburger** Sexualtherapeut hatte es sich zum Hobby gemacht, regelmäßig nackt durch sein Wohnviertel zu joggen. Nach Ansicht des Gerichts erfüllt das Nacktlaufen den Tatbestand der »grob ungehörigen Handlung« gemäß § 118 OWiG und kostet € 300.- pro Übertretung. Zur Begründung führt das Oberlandesgericht aus: »Der Anblick seines entblößten Gliedes war auch objektiv geeignet, einen anderen in seinem Empfinden nicht unerheblich zu beeinträchtigen, das heißt Abscheu, Ekel, Schock, Schrecken oder Verletzung des Schamgefühls hervorzurufen.« *(OLG Karlsruhe, NStZ-RR 2000, S. 309)*

... und in Deutschland?

Das Nacktsein in der Öffentlichkeit kann die Ordnungswidrigkeit der Belästigung der Allgemeinheit gemäß § 118 OWiG erfüllen.
Exhibitionistische Handlungen von Schwanzträgern sind nach § 183 StGB strafbar und können mit Gefängnis bis zu einem Jahr bestraft werden. Der weibliche Exhibitionismus ist hingegen gesellschaftlich anerkannt, ja sogar erwünscht und erschreckt keinen Mann.

13. Das Periskop im Sonnenstudio

Absurde Voyeurismusgesetze

Der Schlüssellochgucker verschafft sich durch das heimliche Betrachten der Entkleidung, der Nacktheit oder des Liebesspiels bei anderen seine sexuelle Stimulation. Das sieht der Gesetzgeber gar nicht gerne. Schließlich will er, wie die Gesetze z.B. im Kapitel 7 zeigen, gerne selbst den Platz am Schlüsselloch einnehmen …

In **Kalifornien** dürfen Sie weder durch ein Loch in ein Badezimmer noch mit einem Periskop in eine Sonnenbank hineinspähen.

Für Ladendetektive in **New York** gilt ein Spannerverbot. Dort dürfen in den Umkleidekabinen weder durchsichtige Spiegel noch Kameras installiert werden.

Psychiater machen sich in **Rhode Island** des Vergehens des Voyeurismus schuldig, wenn sie sich die Anatomie des Patienten anschauen.

In **North Carolina** können nur Frauen Opfer eines Spanners werden, Männern darf beim Ausziehen straffrei zugeschaut werden.

Texas sieht zwei gesetzliche Ausnahmen für Spanner vor. Männer über 50 Jahren und Einäugige dürfen dort wegen Voyeurismus nicht bestraft werden.

Kuwaitische Männer dürfen weder »auf eine sinnliche Art und Weise« eine Frau anschauen noch lüstern auf eine weibliche Statue blicken.

In den Autokinos von **Clinton, Oklahoma**, dürfen Männer sich keinen runterholen, während sie ein Pärchen beim Liebesspiel auf dem Rücksitz eines geparkten Autos beobachten. Solch ein onanierender Spanner kann für das »Belästigen eines Fahrzeuges« bestraft werden.

… und in Deutschland?

Spanner haben freie Bahn, denn Voyeurismus ist als eigener Tatbestand nicht strafbar.

14. Schwanz ab, Kopf ab!

Über Sex mit Abhängigen, Missbrauch und Vergewaltigung

Gewaltsamer Sex ist die schwerste aller Sexualstraftaten. Merkwürdigerweise wird sie nicht in allen Rechtsordnungen entsprechend geahndet. Noch unklarer ist die Lage – sowohl bei der Beweisführung als auch beim Strafmaß – bei Sex, den einer der beiden Partner nicht wollte (oder nachträglich bereut?), ohne dass offensichtliche Gewalt im Spiel war.

Ein Akupunkteur in **Colorado** begeht ein Verbrechen, wenn er während der Behandlung Sex mit einem Patienten hat.

Männliche Eislauftrainer dürfen in **Indiana** und **Ohio** keine sexuellen Beziehungen zu ihren Schülerinnen haben. Die Verführung von Schülerinnen wird als Verbrechen verfolgt.

Ein Gefängnisaufseher begeht in **Hawaii** ein Verbrechen, wenn er sich auf Sex mit Häftlingen einlässt.

In **North Carolina** ist Vergewaltigung in der Ehe erlaubt.

In **Paramaribo, Surinam**, wird ein Mann, der eine ledige Frau vergewaltigt nicht bestraft, wenn das Opfer in die Heirat mit dem Täter einwilligt.

Eine Vergewaltigung begeht ein Mann in **Louisiana** auch, wenn er der Frau vortäuscht, dass er ihr Ehemann ist und die Frau ihm nur deswegen den Sex gestattet.

Das **pakistanische** Recht sieht als Strafe für Vergewaltigung bis zu fünfundzwanzig Jahre Gefängnis und dreißig Peitschenhiebe vor.

In **Brunei** wird Vergewaltigung mit bis zu dreißig Jahren Gefängnis sowie zusätzlich mit Geldstrafe und Auspeitschen bestraft.

Sexuelle Belästigung unattraktiver Arbeitnehmerin unglaubwürdig

Nach Ansicht des **Wiener** Arbeits- und Sozialgerichts können nur attraktive Arbeitnehmerinnen Ziel sexueller Belästigungen sein. Das Gericht hatte über die Klage einer österreichischen Arbeitnehmerin zu befinden, mit der sich diese gegen angebliche sexuelle Übergriffe durch einen Vorgesetzten zur Wehr gesetzt hatte. Aufgrund des Missverhältnisses zwischen dem Äußeren des Vorgesetzten, eines überdurchschnittlich gut aussehenden gepflegten Mannes, und demjenigen der Klägerin, der nach Auffassung der Richterin jegliche Attraktivität fehle und die auch wenig Wert auf ein gepflegtes Äußeres lege, sei es geradezu lebensfremd, den Vorwürfen der Arbeitnehmerin Glauben zu schenken.

Ein neues Gesetz in **Tansania** sieht für die vollendete Vergewaltigung bis zu dreißig Jahren, für die versuchte bis zu zehn Jahren Freiheitsstrafe vor.

In **Namibia** kann der Vergewaltiger sich seine Bestrafung selber aussuchen. Er hat die Wahl zwischen Kastration oder zwanzig Jahren Arbeitslager ohne Bewährung.

Das **nigerianische** Strafrecht sieht als Strafe für Vergewaltigung lebenslängliche Freiheitsstrafe mit oder ohne Züchtigung mit dem Stock vor. Die versuchte Vergewaltigung wird vergleichsweise milde mit nur 14 Jahren Freiheitsstrafe geahndet.

Ein Vergewaltigungsopfer darf die in **Zimbabwe** legale Kastration des männlichen Täters selbst vornehmen, wenn es dies möchte.

Tod durch Enthauptung ist die in **Saudi Arabien** vorgeschriebene Strafe für Vergewaltigung.

Auch in **Georgia, North Carolina** und **Louisiana** ist für die Vergewaltigung einer erwachsenen Frau immer noch die Todesstrafe vorgesehen.

In **Maine** kann die Vergewaltigung auch durch ein vom Täter beherrschtes Tier begangen werden.

Nothzucht

§ 1048 Wer eine unſchuldige Frauenſperſon durch Getränke oder andre Mittel ihrer Sinne beraubt, um ſie zur Wolluſt zu mißbrauchen, ſoll, wenn er auch ſeinen Zweck nicht erreicht, mit drey- biſ ſechſmonathlicher, wenn aber die Schandthat wirklich verübt worden, mit vier- biſ ſechſjähriger Zuchthauſſtrafe belegt werden.

§ 1058 Doch findet verhältniſmäßige Minderung der Strafe ſtatt, wenn die genothzüchtigte Perſon ſchon vorher in dem Rufe einer ſchlechten liederlichen Lebenſart geſtanden hat.

Allgemeines Landrecht für die Preußischen Staaten von 1794

Im antiken **Griechenland** war die Strafe für Vergewaltigung geringer, wenn dieſe ſich nachtſ ereignete, weil Frauen, die ſich nachtſ außer Hauſ aufhielten, alſ unmoraliſche und damit weniger ſchutzwürdige Opfer angeſehen wurden.

... und in Deutschland?

Der Tatbestand der Vergewaltigung ist in § 177 Abs. 2 StGB geregelt. Das Gesetz sieht dafür eine Freiheitsstrafe von mindestens zwei Jahren bis höchstens fünfzehn Jahren vor.

15. Verbale Busengrabscher

Wider die Ferkelsprache

Obszöne Worte – gleich ob am Telefon, auf Autoaufklebern oder in der Werbung – sind selbstverständlich vielerorts verboten, denn das unanständige Wort könnte zur unmoralischen Tat, nämlich zu schmutzigem Sex führen.

Das Absingen obszöner Lieder wird in **Singapur** mit Gefängnis bis zu drei Monaten bestraft.

Ehemänner dürfen in **Willowdale, Oregon**, während des Liebesspiels mit ihrer Frau keine schmutzigen Wörter benutzen.

Anrufer, die wiederholt zu extrem ungünstigen Zeiten anrufen oder sich einer unanständigen Sprache bedienen, machen sich in **New Hampshire** eines Vergehens schuldig.

Einen schweren Fall der Belästigung begeht in **Delaware**, wer dem Angerufenen telefonisch die Aufnahme sexueller Beziehungen jeder Art vorschlägt.

Telefonsex kann in **Mississippi** mit sechs Monaten Gefängnis oder $ 500.- Geldstrafe bestraft werden. Es ist dort verboten, in Telefongesprächen »obszöne, unanständige oder schlüpfrige Vorschläge« zu machen.

Bis zu drei Jahren Gefängnis drohen in **South Carolina**, wenn jemand einer Frau »eine obszöne, lästerliche, unsittliche, vulgäre, zweideutige oder unmoralische Nachricht« schickt.

Obszöne Autoaufkleber sind in **Louisiana** verboten und kosten bis zu 100 Dollar Strafe.

Mit auf den Arm tätowierten Schimpfwörtern sollte man sich **Marlborough, Australien**, nicht sehen lassen. Derar-

Telefonsex – Prostitution oder Pornografie?

Seit Aufkommen des Telefonsex streiten die deutschen Gerichte darüber, ob dieser als Prostitution oder Pornografie einzustufen ist. Das Landgericht **Bonn** *(NJW 1989 S. 2544)* führt dazu aus: »Beim Telefonsex beabsichtigt die anbietende Person durch gezielte akustische Reize den Telefonpartner zum geschlechtlichen Höhepunkt zu bringen. Der Partner soll sich dabei selbst befriedigen. Die Art der Stimulierung beim Telefonsex geht weit über das bloße sexuelle Reden hinaus. Sie erfordert den engagierten Einsatz der Anbietenden, die ihre simulierte Erregung dem Telefonpartner vermitteln muss. Bei dieser Tätigkeit handelt es sich auch um Prostitution, denn sie stellt die sexuelle Betätigung mit wechselnden Partnern gegen Entgelt zu Erwerbszwecken dar.« Nach Ansicht des Landgerichts Hamburg *(NJW-RR 1997 S. 178)* ist der Telefonsex eher der Pornografie als der Prostitution vergleichbar, da im Unterschied zur normalen Prostitution der direkte Körperkontakt fehlt und zur sexuellen Befriedigung stets ein Umsetzungsakt in der Fantasie des Anrufers nötig ist. Das Landgericht **Mannheim** *(NJW 1995, S. 3398)* hält Telefonsex für Prostitution in Form eines so genannten Wortbordelles. Wer nach einem solchen Sexgespräch die »Stöhnfrau« um den vereinbarten Lohn prellt, begeht keinen vollendeten Betrug.

tiges wird nämlich als »obszöne Veröffentlichung« mit $ 20.- Geldbuße bestraft.

Wer in **Utah** eine Frau fälschlich beschuldigt, unkeusch zu sein, kann bis zu sechs Monaten Gefängnis und $ 1.000.- Geldstrafe auferlegt bekommen.

Virginia erließ im Jahre 1631 ſein erſteſ Anti-Profanitätſgeſetz. Jedeſ Fluchen brachte eine Geldſtrafe von einem Schilling für jedeſ geäußerte Wort. Populär zu dieſer Zeit waren Wörter wie »Schwanz« und »Fotze«. Eſ war zudem vorgeſchrieben, daſſ daſ Geſetz mindeſtenſ alle zwei Monate von der Kanzel in der Kirche verleſen werden muſſte.

Busengrabscher und Schlüpferstürmer

Eine Spirituosenfirma hatte Anfang der 90er Jahre zwei Liköre in Miniaturflaschen mit dem Namen »Busengrabscher« und »Schlüpferstürmer« herausgebracht. Auf dem Etikett des Busengrabschers war ein Mann abgebildet, der einer aufreizenden Blondine von hinten an den Busen fasst. Auf dem Etikett des Schlüpferstürmers war eine liegende Frau zu sehen, die ihren Schlüpfer bereits bis zu den Waden abgestreift hatte und ansonsten nackt war. Der Bundesgerichtshof hat den Vertrieb der Likörflaschen durch das Urteil vom 18.05.1995 mit folgender Begründung verboten: »Beide Etiketten werden durch Wort- und Bilddarstellungen geprägt, die in obszöner Weise den Eindruck der freien Verfügbarkeit der Frau in sexueller Sicht vermitteln und zugleich die Vorstellung fördern sollen, dass die so bezeichneten alkoholischen Getränke geeignet seien, solcher Verfügbarkeit für die angesprochenen sexuellen Handlungen Vorschub zu leisten. Das Publikum wird die Etikettierung auch als Propagierung eines Mittels zur Überwindung sexueller Widerstände verstehen, und zwar in doppelter Hinsicht: Durch Weckung des Gedankens an Enthemmung nicht allein der Frau, sondern auch des Mannes, um ihm den Mut zu sexuellem Vorgehen zu machen.« *(BGHZ 130, S. 5ff.)*

16. Kylie Minogues perverse Tänze

Über Pornos

Der Begriff der Pornografie entstammt dem Altgriechischen und bedeutet »Darstellung von Huren«. In keinem Land der Erde dürfen die Bürger gänzlich unreglementiert Sexfilme und Sexbücher konsumieren – da ist der Gesetzgeber viel strenger als bei Waffen und Schwarzgeld. Interessant sind vor allem die Definitionen dessen, was noch als (erlaubte) Kunst oder auch als Erotik und was als (streng verbotene) Pornografie gilt.

Iran hat 1998 ein Gesetz erlassen, das den Medien verbietet, Fotos von unverschleierten Frauen zu verwenden. Auch Leibesübungen der Frau, allem voran Reiten oder Radfahren, gelten als pornografisch – selbst wenn die Athletinnen dabei einen Schleier tragen.

Pin-up-Bilder dürfen Sie sich in **Chile** nicht einmal zu Hause an die Wand hängen.

Pornografie gilt in **China** als soziales Übel und ist streng verboten. Wer sie herstellt oder verbreitet, riskiert lebenslange Gefängnisstrafen, auch Todesurteile wurden schon vollstreckt. Als pornografisch werden dort schon Busen und Schamhaar auf Fotos sowie Bettszenen in Film und Fernsehen betrachtet.

Nach den strengen Zensurvorschriften in **Brasilien** darf keine Zeitung, kein Magazin oder Buch Themen der Homosexualität behandeln. Bilder nackter Paare sind ebenso verboten wie die von Geburten oder solchen, die eine sexuelle Aktivität vorschlagen. In den brasilianischen Printmedien darf auf jeder Seite nicht mehr als eine nackte weibliche Brust zu sehen sein. Deshalb werden die Fotomodelle zwar oben ohne, aber immer nur im Profil aufgenommen.

Pornodarstellerin gesteinigt

Eine Pornodarstellerin ist in **Teheran** im Frühjahr 2001 durch Steinigung öffentlich hingerichtet worden. Die 35-Jährige hatte in mehreren »perversen und unmoralischen Filmen« mitgewirkt. Nach islamischem Recht werden außereheliche Sexualkontakte mit einer Steinigung bestraft, sofern vier männliche Augenzeugen die Tat bestätigen.

In **Singapur** stehen über 170 englische Bücher und Magazine wegen ihres meist sexuellen Inhaltes auf der Zensurliste, darunter die Zeitschriften *Playboy*, *Penthouse* und sogar *Cosmopolitan*.

In **Malaysia** ist der Import von fast 200 Filmen und Videos verboten. Unsittliche Filme trügen zum Ansteigen der Kriminalitätsrate einschließlich Vergewaltigung bei, so die Begründung der Zensurbehörde. Zu den zensierten Streifen gehören ein Musikvideo von Kylie Minogue, eine Folge der Sitcom »Ally McBeal« und eine Episode der TV-Serie »Friends«. Händlern und Besitzern drohen bis zu drei Jahren Gefängnis und umgerechnet € 8.000.- Geldstrafe.

Die Schriften des Marquis de Sade dürfen in **Griechenland** nicht veröffentlicht und verkauft werden.

Die Darstellung einer ihr Baby stillenden Mutter stellt in **Florida** unter keinen Umständen Pornografie dar.

Fernsehstationen in **Kambodscha** dürfen keine Bilder mit Frauen in freizügiger Kleidung, insbesondere Shorts und kurzen Röcken, ausstrahlen.

Das Anschauen von Porno-Filmen via Kabel- oder Satellitenfernsehen wird in **Israel** nach einem im Juli 2002 verabschiedeten Gesetz mit Haftstrafen von bis zu drei Jahren geahndet.

In **Nepal, Bangladesch** oder **Macau** vorgeführte Filme dürfen keine Liebesszenen zeigen, geschweige denn die männliche oder weibliche Schamgegend oder gar eine nackte Brust. Das Gesetz verbietet auch Kussszenen mit Schauspielern aus den besagten Ländern.

Frustrierender Fickelfilm

Richard Osborn hatte sich bei Emporium-Video den Pornofilm *Ballkönigin* gekauft. Auf dem Cover war seine Lieblingspornodarstellerin, Busty Belle, zu deutsch *busige Schönheit*, als Hauptdarstellerin abgebildet. Zu Hause stellte er allerdings enttäuscht fest, dass Busti Belle auf weniger als zehn Minuten von dem insgesamt 75 Minuten langen Pornofilm zu sehen war. Er verklagte daraufhin Emporium-Video auf Rückzahlung des Kaufpreises von $ 29,95, Zahlung einer Arztrechnung von $ 55,79 wegen eines aufgrund der Enttäuschung erlittenen Asthmaanfalles und $ 50.000.- für »Schmerzen und Leiden«. Das **Wyoming** Supreme Court wies die Klage im März 1993 mit der Begründung ab, Richard W. sei das Opfer seiner eigenen Geilheit geworden.

Russischen Kunstgalerien ist es nicht gestattet, Bilder mit nackten Frauen auszustellen. Auch in **Italien** dürfen die erotischen Kunstwerke von Leonardo, Tintoretto, Michelangelo, Tizian und Raphael nicht öffentlich gezeigt werden.

Für die Verbreitung von Pornografie, ganz gleich ob dabei Erwachsene oder Kinder dargestellt werden, kann man nach dem **russischen** Strafgesetzbuch zu maximal zwei Jahren Freiheitsstrafe verurteilt werden.

In **Arkansas** ist der Besitz obszöner Filme jeder Art ein Vergehen.

In **Georgia** gilt Material als obszön und damit verboten, welches auf eine sadomasochistische Beziehung hindeutet, z.B. Geißelungen und Folterungen. Auch in **Mississippi** ist S/M ungesetzlich, insbesondere »die Darstellung von Geißelungen oder Folterungen von oder an einer Person, die nackt oder in Unterwäsche oder in bizarren oder offenherzigen Kostümen ist, zum Zwecke der sexuellen Befriedigung«.

Ehefrauen in **Hertford, England**, haben das gesetzlich verankerte Recht, Pornohefte, Sexfilme und alles andere, welches der sinnlichen Befriedigung des Ehegatten dienen könnte, auszurangieren.

Minderjährige dürfen in **Washington** kein falsches Alter angeben, um Zugang zu erotischem Material zu bekommen.

Mit Gefängniß biſ zu Einem Jahre und mit Geldſtrafe biſ zu eintauſend Mark oder mit einer dieſer Strafen wird beſtraft, wer

1. unzüchtige Schriften, Abbildungen oder Darſtellungen feilhält, verkauft, vertheilt, an Orten, welche dem Publikum zugänglich ſind, aufſtellt oder anſchlägt oder ſonſt verbreitet, ſie zum Zwecke der Verbreitung her-

ſtellt oder zu demſelben Zwecke vorräthig hält, ankündigt oder anpreiſt;

2. unzüchtige Schriften, Abbildungen oder Darſtellungen einer Perſon unter ſechſzehn Jahren gegen Entgelt überläßt oder anbietet;
3. Gegenſtände, die zu unzüchtigem Gebrauche beſtimmt ſind, an Orten, welche dem Publikum zugänglich ſind, ausſtellt oder ſolche Gegenſtände dem Publikum ankündigt oder anpreiſt;
4. öffentliche Ankündigungen erläßt, welche dazu beſtimmt ſind, unzüchtigen Verkehr herbeizuführen.

§ 184 Reichsstrafgesetzbuch (ab 1900)

Der Hayſ-Code von 1930 regelte detailliert, waſ in amerikaniſchen Filmen gezeigt werden durfte und waſ nicht. Hier eine Koſtprobe:

- Übermäßigeſ und lüſterneſ Küſſen ſowie wollüſtige Umarmungen waren ſtreng verboten.
- Eine Verführung durfte maximal angedeutet werden.
- Sexuelle Beziehungen zwiſchen Weißen und Schwarzen waren tabu.
- Ebenſo verboten waren die Themen Sexualhygiene und Geſchlechtſkrankheiten.
- Szenen einer Geburt, ob direkt oder ſchemenhaft, durften niemalſ gezeigt werden.
- Die kindlichen Geſchlechtſorgane durften auf keinen Fall entblößt werden.
- Vollſtändige Nacktheit war unter keinen Umſtänden erlaubt, auch nicht alſ Silhouette.
- Entkleidungſſzenen ſollten vermieden werden.
- Anſtößige oder ungehörige Entblößung war verboten.
- Auch Tanzſzenen hatten frei von unſittlichen Bewegungen oder Andeutungen zu ſein.

... und in Deutschland?

Wichsvorlagen, das heißt Bilder oder Texte mit pornografischem Inhalt, sind in Deutschland grundsätzlich erlaubt. »Harte« Pornografie, also die Darstellung von Gewalttätigkeiten sowie von Sex mit Kindern oder Tieren ist allerdings gemäß § 184 Abs. 3 StGB verboten. Im Übrigen darf Pornografie nicht in die Hände von Jugendlichen, Kindern oder Babys geraten.
Gleichzeitig können Sie für das Aufhängen eines simplen Pin-up-Fotos in ihrer Firma aus derselben rausfliegen. Denn das Anbringen pornografischer Darstellungen im Büro wird nach dem Beschäftigungsschutzgesetz als sexuelle Belästigung am Arbeitsplatz verfolgt.

17. Die älteste Gewerbeordnung der Welt

Die besten Prostitutions- und Zuhältereigesetze

Das horizontale Gewerbe beschäftigt sich mit dem Tausch von Geld gegen Sex. Es ist seit jeher Gegenstand zahlreicher Verbote. So darf man Prostitution auch weiterhin nicht aus einem Planwagen heraus betreiben oder Asiatinnen zum Zwecke der Prostitution importieren. Die Strafen reichen von der Veröffentlichung des Namens und Bildes des Freiers im Fernsehen bis zur öffentlichen Köpfung.

17.1 Definitionen

»Prostitution bedeutet das Geben oder Bekommen des Körpers für sexuelle Aktivitäten gegen Entgelt, ausgenommen allerdings zwischen Ehegatten.«

*(**Florida** Statutes, § 796.07 Abs. 1a)*

Colorado definiert Prostitution als Sex im Tausch für irgend etwas von Wert. Fragen Sie bei Ihrer örtlichen Samenbank doch mal nach, welchen Marktwert Spermien gerade haben.

»Unzüchtige Häuser« sind in und im Umkreis von drei Meilen um **Alamosa, Colorado**, verboten. Unzüchtig sind alle Häuser, in denen unverheirateten Personen Sex erlaubt wird.

17.2 Strafmaße

Zuhälterei wird in **Bangui, Zentralafrikanische Republik**, mit dem Ausgießen der Hälse, die die Zuhälter nicht vollkriegen konnten, mit geschmolzenem Blei bestraft.

Im **Jemen** steht auf Prostitution die öffentliche Köpfung.

Freier werden in **London** mit fünfzehn Tagen Gefängnis und einer beträchtlichen Geldstrafe geahndet.

Ertappte Freier in **Oklahoma** werden nicht nur verhaftet, sondern ihr Bild und Name werden zudem im Fernsehen gezeigt.

Sex als Schwerstarbeit

Der Tod eines Matrosen beim Bordellbesuch ist als Arbeitsunfall anzusehen. Das entschied der Oberste Gerichtshof in **Griechenland** und sprach damit einer Witwe Anspruch auf Rente zu.
Ihr Mann war bei einem Bordellbesuch auf den Philippinen in den Armen einer Prostituierten gestorben. Das Gericht entschied, dass, obwohl der »Unfall« nach Abschluss der eigentlichen Arbeit geschehen sei, ein direkter Zusammenhang zu den »Eigenheiten des Matrosenberufes« bestünde. Die Erfüllung der beruflichen Pflichten bedeutete in der Seefahrt eine längere Trennungszeit von Eheleuten, in der sich der Ehemann durchaus vernachlässigt fühlen könne. Der Tod beim Besuch eines Freudenhauses zu Erholungszwecken sei eindeutig als Berufsrisiko zu werten. Der Witwe wurde in ihrer Klage auf Hinterbliebenenrente Recht gegeben, da ihr Mann »in Folge der Erfüllung seiner beruflichen Pflichten« verstarb.

In **Schweden** ist Sex gegen Bezahlung seit 1999 strafbar. Strafrechtlich verfolgt werden allerdings nur die Freier, ihnen drohen Geldbußen oder Gefängnis bis zu sechs Monaten.

Freier können in **New York, Kansas, Illinois** und **Connecticut** für das Verbrechen, »Kunde einer Prostituierten zu sein«, mit drei Jahren Gefängnis bestraft werden.

17.3 Spezielle Bestimmungen

Huren in **South Dakota** dürfen ihr Gewerbe weiterhin nicht aus einem Planwagen heraus betreiben.

Prostitution wird in **Louisiana** als Landstreicherei bestraft.

Wer seine Ehefrau in **Arizona** oder **Washington D.C.** auf den Strich schickt, wandert für ein bis zehn Jahre hinter Gitter. In **Maine** und **Michigan** drohen sogar bis zu zwanzig Jahre.

Gunstgewerblerinnen in **Luanda, Angola**, sind nach dem Gesetz dazu verpflichtet, sich so zu kleiden, dass sie deutlich als solche erkannt werden können. Ihre Kleidung darf die Brüste nicht bedecken. Denn nackte Brüste ziehen nach der Auffassung der Obrigkeit die Aufmerksamkeit der jungen Männer auf sich und lenken sie von homosexuellen Liebesverhältnissen ab.

Niemand soll in **Ashland, Kentucky**, in seinem Haus eine Frau von schlechtem Ruf oder unanständigem Charakter oder eine gewöhnliche Prostituierte halten oder beherbergen – außer seiner Ehefrau, Mutter oder Schwester.

Beim Striptease-Tanz in den Nachtclubs von **Roswell, Georgia**, dürfen die Tänzerinnen den Gästen nicht näher als 122 cm kommen. Am Sonntag ist erotischer Tanz dann ganz verboten.

Brustimplantate als Betriebsausgaben

Eine Striptease-Tänzerin in **Indiana** hatte sich die Brust vergrößern lassen. Die BH-Größe verdoppelte sich, jede einzelne Brust wog nun 4,5 kg. Der Wochenlohn der Tänzerin wurde von $ 416.- auf $ 750.- erhöht. Ihr Versuch, die $ 2.088.- OP-Kosten als Betriebsausgabe von der Steuer abzusetzen, scheiterte: Ausgaben für Gesundheit und Schönheit könnten nicht als Betriebsausgaben angesehen werden, teilte das Finanzamt mit. Das Gericht entschied im März 1993 zu Gunsten der Tänzerin: Die Brustimplantate sind gesundheitsschädlich, haben ihren Körper in grotesker Weise entstellt und dienen allein dem Zweck der Einnahmeerhöhung.

Badehäuser sind in **Kalifornien** verboten, denn die Bäder, Whirlpools und Saunen könnten die Gäste zu vaginalem Geschlechtsverkehr und – Gott bewahre – zu Oral- und Analverkehr animieren.

Mehr als vier nicht miteinander verwandte Personen dürfen in **Marquette, Missouri**, nicht in derselben Wohnung zusammen leben. Die dortige Gesetzgebung geht davon aus, dass es sich andernfalls um ein Bordell handeln muss. Aus dem gleichen Grund dürfen in **Tennessee** nicht mehr als sechs Frauen zusammen leben.

Wer eine asiatische Frau zum Zwecke der Prostitution nach **Kalifornien** importiert, kann dafür ein Jahr Gefängnis und $ 500.- Geldstrafe bekommen.

Eine Frau darf in **Santa Cruz, Bolivien**, legal eine Dirne sein. Es ist aber ungesetzlich für ein Freudenmädchen, Kunden auf der Straße oder anderen öffentlichen Plätzen anzusprechen.

Nach Sonnenuntergang dürfen junge Frauen in **Bogotà, Kolumbien**, nicht mehr allein auf die Straße gehen, weil sie dann vermutlich Prostituierte sind. Das Gesetz erlaubt der Polizei, solche Verdächtige zu verhaften.

Weibliche Jugendliche dürfen in Betrieben und bei Veranstaltungen aller Art nicht als Nackttänzerinnen beschäftigt werden oder bei ähnlichen sie sittlich gefährdenden Tätigkeiten, insbesondere wenn sie dabei unbekleidet oder fast unbekleidet sind.

§ 1 Abs. 1 der Verordnung über das Verbot der Beschäftigung von Personen unter 18 Jahren mit sittlich gefährdenden Tätigkeiten

§ 999 Gemeine Hurerey (Gewerbſmäßige Unzucht)
Liederliche Weibeſperſonen, welche mit ihrem Körper ein Gewerbe treiben wollen, müſſen ſich in die unter der Aufſicht deſ Staatſ geduldeten Hurenhäuſer begeben.

Allgemeines Landrecht für die Preußischen Staaten von 1794

Die Strafe für Proſtitution beſtand bei den Teutonen im Jahre 100 n. Chr. im Erſticken mit Kot.

Bordelle in Pompeji waren geſetzlich verpflichtet, an jedem Eingang eine Preiſliſte aufzuhängen. Damit ſollte dem Feilſchen über die Preiſe ein Ende gemacht werden.

In Frankreich wurde 1635 ein Geſetz erlaſſen, nach dem alle Zuhälter lebenſlang auf die Galeeren geſchickt wurden. Eine wegen Proſtitution verhaftete Frau wurde aufgepeitſcht, raſiert und lebenſlang verbannt.

… und in Deutschland?

Die Prostitution ist in Deutschland mit wenigen Ausnahmen grundsätzlich nicht strafbar. Die Ausnahmen betreffen die jugendgefährdende und die Prostitution innerhalb von Sperrgebieten. Der Gesetzgeber hat die gewerbsmäßige Unzucht mit dem Prostitutionsgesetz vom 20.12.2001 weitgehend legalisiert. Nach diesem Gesetz begründen Vereinbarungen über Sex gegen Bezahlung nunmehr rechtswirksame Forderungen. Das werden bestimmt interessante Zivilprozesse, in denen Freudenmädchen den vereinbarten Hurenlohn einklagen und dem Gericht detailliert Art, Weise und Dauer der vollbrachten Liebesdienste darlegen. Es ist nur eine Frage der Zeit, bis der Ausbildungsberuf Prostituierte/Prostituierter endlich staatlich anerkannt wird.

18. War es Samenraub?

Ein Sammelsurium absurder Gesetze

Abschließend eine kleine Sammlung verschiedener Sexgesetze. Freuen Sie sich auf Sexverbote für unbeschnittene Männer und die amtliche Definition des sexuellen Psychopathen.

18.1 Widernatürliche Vergehen

Wer freiwillig Sexualverkehr gegen die natürliche Ordnung mit einem Mann, einer Frau oder einem Tier hat, soll mit lebenslanger Freiheitsstrafe oder mit Freiheitsstrafe bis zu zehn Jahren bestraft werden und außerdem einer Geldstrafe unterliegen.

***Singapur** Penal Code § 377*

18.2 Was ist ein sexueller Psychopath?

Die Bezeichnung »sexueller Psychopath« meint eine Person, die nicht geisteskrank ist, die aber offensichtlich keine Kontrolle über ihre sexuellen Impulse mehr hat.
*District of **Colombia** Official Code § 22-3803 Abs. 1*

Das **iranische** Strafrecht sieht für sämtliche Sexualstraftaten wie außerehelichen Geschlechtsverkehr, homosexuelle Handlungen, Prostitution, Zuhälterei und Ehebruch einheitlich die Todesstrafe vor.

Wer in **Mississippi** die Lehre der Polygamie verbreitet, muss für einen bis zu sechs Monate ins Gefängnis.

§148 StPO Verkehr des Beschuldigten mit dem Verteidiger
Dem Beschuldigten ist, auch wenn er sich nicht auf freiem

Fuß befindet, schriftlicher und mündlicher Verkehr mit dem Verteidiger gestattet.
Mündlicher Verkehr ist klar wie Oral plus – aber was, bitte, ist schriftlicher Verkehr?

Paare in **Branchville, South Carolina**, die öffentlich oder privat »unanständig und lüstern miteinander verkehren, zu Bett gehen und zusammen leben«, können mit $ 500.- Geldstrafe und bis zu sechs Monaten Gefängnis bestraft werden.

Chilisoße und andere ähnlich scharfe Gewürze dürfen im Gefängnisessen von **Peru** nicht verwendet werden, denn sie haben aphrodisierende Wirkung und erregen sexuelle Begierden.

Keine Steuern – Kein Sex

Männer, die in **Uganda** ihre Steuern nicht zahlen, müssen auf fleischliche Gelüste verzichten. Denn Steuerverweigerung ist in Uganda eine kriminelle Handlung, und Kriminellen ist Sex untersagt. Es gibt aber Schlupflöcher in der »No Tax – No Sex-Regel«: So müssen impotente Männer von Gesetz wegen keine Abgaben leisten.

In **Utar Pradish**, einer **indischen** Provinz, verlangt das Gesetz, dass jeder Mann, von dem bekannt ist, dass er drei Kinder gezeugt hat, sterilisiert wird. Unterzieht er sich bereitwillig der Sterilisation, erhält er von der Regierung als Belohnung ein Transistorradio. Hält er sich nicht an das Gesetz, kann er zu zwei Jahren Gefängnis verurteilt werden. Kastriert wird er dann trotzdem, und zwar während der Haftzeit.

Jeder, der eine unnatürliche und lüsterne Handlung mit einer anderen Person begeht, macht sich eines Vergehens zweiten Grades schuldig. Das Stillen eines Babys durch die Mutter verletzt diesen Paragrafen unter keinen Umständen.
***Florida** Statutes, § 800.02*

Für das Tätscheln des Hinterns einer Frau kann ein Mann in **Norfolk, Virginia**, mit 60 Tagen Gefängnis rechnen.

Während des Liebesspiels darf in **Warrenville, Connecticut**, kein Schnupftabak benutzt werden, außer man hat die Erlaubnis des Partners.

Dagegen ist in **Estlands** Hauptstadt **Tallinn** während der körperlichen Liebe das Schachspielen untersagt.

In **Utah** ist das Zusammenleben mit mehr als einer Person zur gleichen Zeit strafbar mit bis zu fünf Jahren Zwangsarbeit. Als ob das Zufriedenstellen mehr als eines Partners nicht bereits eine Form der Zwangsarbeit ist ...

Stirbt der Ehemann einer **tasmanischen** Frau, muss sie, so schreibt es das Gesetz der Witwe vor, den Penis ihres toten Gatten um den Hals tragen.

Einem unbeschnittenen Mann ist es in **Samoa** verboten, sexuelle Erfahrungen zu machen. Frauen dürfen mit unbeschnittenen Männern weder Sex haben, noch diese heiraten.

18.3 Strafbarkeitslücke Samenraub

Samenraub (lat.: *rapina seminum*) bezeichnet eine Technik, bei der einem Mann beim Geschlechtsverkehr der Samen entnommen wird, um diesen später, ohne Wissen und Zustimmung des Mannes, zur Befruchtung einer weiblichen Eizelle zu verwenden. Befriedigt die Frau den Mann etwa oral, kann sie den in ihren Mund ejakulierten Befruchtungssaft in einen bereit gestellten Behälter mit Eis spucken und ihn später für eine künstliche Befruchtung benutzen. Eine andere Möglichkeit, einen Samenraub zu begehen, wäre es, ein benutztes Kondom, welches des Mannes Eierlikör enthält, sicherzustellen und für eine spätere künstliche Befruchtung einer Frau zu verwenden. Täterin ist meist ein gut aussehendes, aber arbeitsloses Fotomodell, das Opfer ein männlicher Prominenter. Im Unterschied zu anderen populären Raubdelikten besteht für den Samenraub eine Strafbarkeitslücke. Die Samenräuberin kann bei sachgerechter Auswahl des Opfers (wohlhabender Ex-Tennisstar?) sogar mit fürstlichen und lebenslangen Unterhaltszahlungen rechnen. Endlich mal ein Verbrechen, das nicht nur Spaß bringt, sondern auch noch risikolos ist und sich wirklich lohnt.

Für die Freunde von Bussen und Bahnen

Falk van Helsing
Punktsieger in Flensburg
Wie man am schnellsten
den Führerschein los wird
128 Seiten · broschiert
€ 7,95 (D) · sFr 14,90
ISBN 3-8218-3587-7

Um im Flensburger Fahrer-Grand-Prix die magischen 18 Punkte zu erreichen, ist es mit ein paar läppischen Verkehrsdelikten nicht getan – hier muß ein echter Profi ran.

Von der hollywoodreifen Fahrerflucht über Polizisten im Schwitzkasten bis zum Geschwindigkeitsrekord im Wohngebiet: Falk van Helsing erläutert mit juristischer Sachkenntnis und trockenem Witz, wie man den lästigen Führerschein endlich los wird – möglichst schnell, möglichst lange und möglichst teuer.

Eichborn.
Kaiserstraße 66
60329 Frankfurt
Telefon: 069/25 60 03-0
Fax: 069/25 60 03-30
www.eichborn.de

Wir schicken Ihnen gern ein Verlagsverzeichnis.